»Damit Sie nicht im Regen stehen!«

Schlechtwetterreiseführer Rügen, Stralsund und Umgebung

von **KIRSTEN SCHIELKE, BIRGIT VITENSE** und **HARALD LARISCH**

Mit Wetterkommentaren von **STEFAN KREIBOHM**

HINSTORFF

Inhaltsverzeichnis

Stralsund / Insel Rügen

Vorwort | 5

Stralsund
Deutsches Meeresmuseum | 6
Ozeaneum | 7
Kirche St. Nikolai | 8
Kulturhistorisches Museum | 9
Museumshaus | 10
Kulturkirche St. Jakobi | 10
Museumsspeicher | 11
Theater Vorpommern / Stralsund | 12
Museumswerkstatt Spielkartenfabrik | 13
HanseDom | 14
Brauereiführung | 15
Nautineum auf dem Dänholm | 16
Marinemuseum auf dem Dänholm | 17

Altefähr
Rügener Glasperlenkunst | 18

Götemitz
Rügener Fayencen von P. Dolacinski | 19

Samtens
Technik-Modell-Museum | 20

Bergen
Museum im Klosterhof | 21
Handwerkerläden im Klosterhof | 22
Marienkirche Bergen | 23

Ralswiek
nahtwerk.papierkunst | 23

Moisselbritz
Atelier Cornelia Ciechockie | 24

Kleine Wetterkunde Süd-Rügen | 25

Zudar
Wallfahrtskirche St. Laurentius | 26

Groß Schoritz
Geburtshaus Ernst-Moritz Arndt | 26

Garz
Ernst-Moritz-Arndt-Museum | 27

Putbus
Theater | 28
Uhrenmuseum | 29
Galerie in der Orangerie | 30
Puppen- und Spielzeugmuseum | 31
Welt der Experimente | 32
Pirateninsel | 33
Haus-Kopf-über | 34
Alte Schmiede | 35

Vilmnitz
Kirche St. Maria Magdalena | 35
Fahrt mit dem Rasenden Roland | 36

Zirkow
Museumshof | 37
Karls Erlebnis-Dorf Rügen | 38

Prora
Experimenta – Museum zum Anfassen | **39**
Eisenbahn- und Technikmuseum | **40**
NVA-Museum | **41**

Binz
Haus des Gastes | **42**
Glasbläserei | **42**
Keramikatelier tonicum | **43**
Der Kid's Club Binz | **44**
Museum Ostseebad Binz | **45**
Galerie New Creation II | **46**
Jagdschloss Granitz | **46**

Sellin
Töpferei Rike Waskewitz | **47**
Schwimmbad Inselparadies | **48**
Bernsteinmuseum | **49**
Tauchgondel | **50**
Museum Seefahrerhaus | **51**

Göhren
Mönchguter Museen | **52** | **53**

Middelhagen
Schulmuseum | **54**

Alt Reddewitz
Hofbrennerei »Zur Strandburg« | **55**

Groß Zicker
Pfarrwitwenhaus | **56**

Kleine Wetterkunde Nord-Rügen | **57**

Sassnitz
Schmetterlingspark | **58**
Fischerei- und Hafenmuseum | **59**
U-Boot H.M.S. OTUS | **60**
Glasbahnhof | **61**
Töpferei am Hafen | **61**
Wunderkammer Rügen | **62**
Töpferkurse im Grundtvighaus | **62**
Silberschmiede am Altstadtmarkt | **63**
Bernstein-Werkstatt | **64**
Einblick – Offenes Atelier | **64**
Inselseifen | **65**

Stubbenkammer
Nationalpark-Zentrum KÖNIGSSTUHL | **66**

Lohme / OT Hagen
Keramikatelier Hilliges & Panken | **67**

Lohme
Steinmüller Steinmanufaktur | **68**
Keramikatelier von Kerstin Bartel | **68**

Gummanz
Kreidemuseum | **69**

Neddesitz
Jasmar Therme | **70**
Sandskulpturenfestival | **71**

Insel Hiddensee

Altenkirchen
Pfarrkirche | 72

Putgarten
Atelier Nordstrand | 73
Marine Bunkeranlage | 74
Rügenhof Arkona | 75
Messerschmiede Kelting | 76
SzenenWechsel im Alten Hotel | 77
Helene-Weigel-Haus | 77

Fernlüttkevitz
Rügenkerzen | 78

Kleine Wetterkunde West-Rügen | 79

Waase
Kirche St. Marien | 80
Ummanz-Keramik | 81
Kaffeerösterei | 81

Gingst
Historische Handwerkerstuben | 82
Kerzenträume | 83

Dreschvitz
Uni@Kati Kunst- & Keramikatelier | 84

Kloster
Heimatmuseum | 84
Bernstein Werkstatt Hiddensee | 85
Gerhart-Hauptmann-Haus | 86
Inselkirche in Kloster | 87
Galerie am Torbogen | 88

Vitte
Nationalparkhaus | 88
Bernsteinwerkstatt | 89
Seebühne Hiddensee | 90
Blaue Scheune / Henni-Lehmann-Haus | 91
Künstlerisches Hiddensee –
Literarische Führungen | 92

Neuendorf
Fischereimuseum Lütt Partie | 93

Adressen
Reithallen auf Rügen | 94
Bowling | 94

Die Autoren | 95

Vorwort

»Damit Sie nicht im Regen stehen!«

»**D**as spannendste Wetter ist, wenn was los ist. Wenn man rausgeht und man spürt den Wind, man hört den Regen prasseln, man sieht die Blitze zucken oder der Schnee stürmt am Haus vorbei. Wenn man es so richtig fühlen kann – das ist das Beste.«
Der das sagt, ist der bekennende Wetter-Freund und Meteorologe Stefan Kreibohm von der Wetterstation auf der Insel Hiddensee. Am allermeisten allerdings liebt er das Wetter, das er richtig vorhergesagt hat. Dann dürfen es auch mal gern einige Sonnen mehr auf der Wetterkarte sein.

Aber unter uns: Ist die Urlaubszeit nicht viel zu kostbar, um sie von den Kapriolen des Wetters abhängig zu machen? Klar, man kann auch fröhliche Stunden im strippenden Regen verbringen. Doch wer vom Spruch von der vermeintlich passenden oder unpassenden Kleidung bei Fiesel-Niesel die tropfende Nase voll hat, ist mit diesem Buch gut beraten. Wir haben Rügen, Hiddensee und Stralsund nach wetterunabhängigen Ausflugstipps verschiedener Art durchforstet. Alle haben eines gemeinsam: Sie bieten ein schützendes Dach über dem Kopf. Ansonsten ist die Palette sehr bunt, beinhaltet ein breites Angebot von bekannten Museen über Indoor-Badevergnügen bis hin zu zahlreichen kleinen Geheimtipps.

Mäßiges Strandwetter kann schließlich auch die Chance eröffnen, sich in einem der vielen Ateliers einmal handwerklich oder künstlerisch zu versuchen und sein Urlaubsmitbringsel aus Bernstein, Glas oder Kerzenwachs selbst zu gestalten (beziehungsweise unter genüsslicher Beobachtung gestalten zu lassen).

Und wenn derlei Unternehmungen für heitere Gemüter gesorgt haben, ist man doch gleich für jede Art spannenden Wetters gerüstet, das Stefan Kreibohm für den nächsten Tag vorhersagen wird. Denn eines steht fest:
Mit unserem Buch lassen wir Sie gewiss nicht im Regen stehen!

Birgit Vitense, Kirsten Schielke & Harald Larisch

Stralsund

Deutsches Meeresmuseum

Die Welt des Mittelmeeres und der Tropen liegt in Stralsund hinter Klostermauern. Das frühere Katharinenkloster beherbergt heute als Naturkundemuseum die Vielfalt maritimen Lebens und zählt derzeit zu den fünf meistbesuchten Museen Deutschlands. Beeindruckende Präparate wie das 15 Meter lange Skelett eines gestrandeten Finnwals gehören zu den Höhepunkten. Wissenswertes aus der Geschichte der Fischerei wird vermittelt. Besonders beliebt sind natürlich die vielen Meeresbewohner in zahlreichen Aquarien: harmlos wirkend oder gefährlich, unscheinbar oder in exotischen Farben schillernd.
Die typisch orange-weißen Anemonenfische mögen schließlich nicht nur Kinder.

Und dann erst das riesige Schildkrötenbecken: Hinter 21 Zentimeter dickem Acrylglas gleiten die gepanzerten Tiere vorbei und können über und unter der Wasseroberfläche beobachtet werden.
Wer es noch genauer wissen will, darf zwischen einer Vielzahl von Führungen für unterschiedliche Altersklassen und Interessen wählen. Per Audioguide kann sich zudem jeder seine individuelle Führung zusammenstellen.

Am Katharinenberg 14 – 20
18439 Stralsund
Telefon: 03831/2650210
www.meeresmuseum.de

Öffnungszeiten:
Mai bis Oktober
10 bis 18 Uhr
November bis April
10 bis 17 Uhr
Sylvester und Neujahr
10 bis 15 Uhr
24. Dezember geschlossen

Eintritt:
7,50 € / 5 €
Familienkarte
(2 Erw. + 1 Kind) 17 €
(2+2) 19 €
Kombitickets mit anderen Standorten des Meeresmuseums

Parken kostenpflichtig, Tiefgarage am Theater

Ozeaneum

Das 2008 eröffnete Ozeaneum will seine Besucher auf eine Unterwasserreise in die nördlichen Meere entführen. Es gibt fünf Dauerausstellungen – über Weltmeer und Ostsee, die Meeresforschung und ein spezielles »Meer für Kinder«. Etwas Einmaliges erwartet Kinder und Erwachsene in der Halle mit den Riesen der Meere. Künstler haben Wale, Mondfisch, Mantarochen und einen Riesenkalmar in Originalgröße täuschend echt nachgestaltet. Und zu den Klängen von Walgesängen gleiten die riesenhaften Gestalten nun scheinbar durch die 30 Meter lange Halle. Das größte Aquarium des Ozeaneums ist das Schwarmfischbecken, in dem unvorstellbare 2,6 Millionen Liter Wasser nebst dem Schwarm Makrelen, einem Hai und ein paar Rochen Platz haben.

Besonders beliebt sind auch die possierlichen Bewohner des Pinguin-Felsens auf der Dachterrasse. Es lohnt sich übrigens durchaus, sich nach den Fütterungszeiten der verschiedenen Ozeaneums-Bewohner zu erkundigen.

Hafenstraße 11
18439 Stralsund
Telefon: 03831/2650677
www.ozeaneum.de

Öffnungszeiten:
Juni bis September
9.30 bis 21 Uhr
Oktober bis Mai
9.30 bis 19 Uhr
Sylvester und Neujahr
10 bis 15 Uhr
24. Dezember geschlossen

Eintritt:
14 € / 8 €
Familienkarte
(2 Erw.+1 Kind) 31 €
(2+2) 34 €
Kombitickets mit anderen Standorten des Meeresmuseums

Parken kostenpflichtig im Parkhaus

Kirche St. Nikolai

Die älteste Kirche von Stralsund ist zugleich das prächtigste Sakralbauwerk der Stadt. Der Hallenbau mit den Doppeltürmen wartet mit einer ganzen Reihe von Besonderheiten auf. Am bekanntesten ist die original restaurierte Buchholzorgel von 1840, eines der größten erhaltenen Instrumente aus der Werkstatt des Berliner Orgelbauers. Hinter dem Hochaltar steht die wohl älteste plastische Figur von Stralsund: Anna Selbdritt wurde um 1290 geschaffen. In ihrer Nähe hängt die älteste astronomische Uhr des Ostseeraums. Sie entstand 1394 unter der kundigen Hand von Nikolaus Lilienfeld. Einmalig ist auch das Reliefbild des Rigafahrergestühls mit Szenen der Pelztierjagd.

Der 1735 fertiggestellte Hauptaltar trennt die Kirche wie ein Lettner in zwei Räume. Er wurde nach einem Entwurf des preußisch-königlichen Oberbaudirektors Andreas Schlüter gearbeitet. Den Hochaltar stellten Stralsunder Handwerker um 1430 her. Zur Blütezeit der Hanse gab es 56 Altäre in St. Nikolai, einige wenige blieben erhalten und erzählen von den Handelsverbindungen rund um die Ostsee.

Alter Markt
18439 Stralsund
Telefon: 038331/297199
www.nikolai-stralsund.de

Öffnungszeiten:
April, Mai, September, Oktober
Mo bis Sa 9 bis 18 Uhr
Juni bis August
Mo bis Sa 9 bis 19 Uhr
November
Mo bis Sa 10 bis 17 Uhr
Dezember bis März
Mo bis Sa 10 bis 16 Uhr
Sonn- und feiertags
13 bis 16 Uhr

Eintritt: 2 €

Parken kostenpflichtig, Tiefgarage am Theater

Stralsund

Kulturhistorisches Museum

Es wurde bereits 1858 gegründet und ist das älteste Museum von Mecklenburg-Vorpommern. Allein die Räumlichkeiten des Kulturhistorischen Museums versetzen den Besucher um Jahrhunderte zurück, denn die Sammlung ist im früheren Katharinenkloster untergebracht, wo ständige Ausstellungen zur Ur- und Früh- sowie zur Stadtgeschichte eingerichtet sind. Kostbarstes Exponat ist der 16-teilige Goldschmuck von Hiddensee. Wertvolle liturgische Gerätschaften, Münzen und Siegel künden von der Blütezeit der Hanse. Teurer Hausrat, charakteristische Stralsunder Fayencen und prächtige Möbel vermitteln einem Eindruck vom Glanz vergangener Epochen.

Neben Sonderausstellungen erwarten die Besucher auch interessante Führungen und zahlreiche Veranstaltungen im eindrucksvollen Remter des Klosters.

Mönchstraße 25–27
18439 Stralsund
Telefon: 03831/28790
www.stralsund.de

Öffnungszeiten:
täglich von 10 bis 17 Uhr
1. November bis 31. Januar
Mo geschlossen
24. und 31. Dezember
geschlossen

Führungen
nach Voranmeldung

Eintritt:
6 € / 3 €
Familienkarte 14 €
Ermäßigung beim Besuch mehrerer Standorte des Kulturhistorischen Museums

Parken kostenpflichtig,
Tiefgarage am Theater

Museumshaus

Das Museumshaus, ein weiterer Standort des Kulturhistorischen Museums, war ursprünglich ein Krämerhaus und wurde schon im 14. Jahrhundert gebaut. Es bietet einen spannenden Einblick in die wechselvolle Geschichte des Gebäudes, wovon beispielsweise die Reste eines barocken Kamins oder die Spuren von gotischer Malerei an einer der Holzbalkendecken zeugen. Die einzelnen Stuben atmen trotz sparsamer Möblierung den Geist längst verflossener Zeiten.
Und wer bis zum obersten Speicherboden klettert, kann das original erhaltene Lastenaufzugsrad bewundern, mit dem der Kaufmann einst seine Waren hinaufhievte.

Mönchstraße 38
18439 Stralsund
Telefon: 03831/28790
www.stralsund.de

Öffnungszeiten:
täglich von 10 bis 17 Uhr
1. November bis 31. Januar
Mo geschlossen
24. und 31. Dezember
geschlossen

Führungen
nach Voranmeldung

Eintritt:
5 € / 2,50 €
Familienkarte 14 €
Ermäßigung beim Besuch
mehrerer Standorte des
Kulturhistorischen Museums

Parken kostenpflichtig,
Tiefgarage am Theater

Stralsund

Kulturkirche St. Jakobi

St. Jakobi ist eine der drei großen mittelalterlichen Pfarrkirchen Stralsunds. Nach langwierigen Sicherungs- und Wiederaufbauarbeiten wurde die dreischiffige Pfeilerbasilika 1996 als Kulturkirche neu eröffnet. Nun finden hier Musik- und Theateraufführungen, Kunstmessen und andere Veranstaltungen statt.
Den Hauptraum aber nimmt derzeit eine Ausstellung mit dem Werk Friedensreich Hundertwassers (1928 – 2000) ein.
Mehr als 100 Grafiken, Plakate, Fotos und textile Objekte werden – mit sparsam erklärenden Texten versehen – gezeigt.

Jacobiturmstraße 28a
18439 Stralsund
Telefon: 03831/309696
www.kulturkirche.kdw-hst.de
www.hundertwasser-in-stralsund.de

Öffnungszeiten:
21. Mai bis 27. Oktober
täglich 10 bis 18 Uhr

Eintritt:
8 € / 5,50 €

Parken kostenpflichtig auf
dem Neuen Markt

Museumsspeicher

Das fünfgeschossige Haus in der Böttcherstraße wurde 1753 gebaut und bis in die 30er Jahre des vorigen Jahrhunderts als Getreidespeicher genutzt. Heute ist hier die volkskundliche Sammlung des Kulturhistorischen Museums untergebracht und gibt Einblick in das Leben der hiesigen Seefahrer und Fischerbauern. Historisches Spielzeug zieht nicht nur die Aufmerksamkeit von Kindern auf sich. In den oberen Etagen sind eine Küche und eine Gute Stube, mit Original-Gerätschaften ausgestattet, zu besichtigen, Handwerkerstuben von Drechsler und Schmied sind ebenfalls erhalten. Im Erdgeschoss ist außerdem Platz für wechselnde Sonderausstellungen.

Böttcherstraße 23
18439 Stralsund
Telefon: 03831/28790
www.stralsund.de

Öffnungszeiten:
täglich von 10 bis 17 Uhr
1. November bis 31. Januar
Mo geschlossen
24. und 31. Dezember
geschlossen

Führungen
nach Voranmeldung

Eintritt:
5 € / 2,50 €
Familienkarte 14 €
Ermäßigung beim Besuch mehrerer Standorte des Kulturhistorischen Museums

Parken kostenpflichtig auf dem Neuen Markt

Theater Vorpommern / Stralsund

Das Stralsunder Theater blickt auf eine lange Tradition zurück. Belegt sind schon Aufführungen von Theaterstücken wie die »Tragedie van deme Daniel« auf dem Alten Markt aus dem Jahre 1553. Das Gebäude mit dem großen halbrunden Balkon auf Säulen wurde 1914 gebaut, aber erst zwei Jahre später eröffnet. Zu seinem alten Charme fand das Theater dank einer sehr aufwändigen Sanierung von 2005 – 2008 zurück. Aufgeführt wird die ganze Palette des Bühnengeschehens von Schauspiel, Ballett, Oper und Operette sowie Musical bis hin zu Konzerten.
Weitere Spielstätten des Theaters Vorpommern befinden sich in Greifswald und Putbus.

Olof-Palme-Platz 6
18439 Stralsund
Telefon: 03831/26460
www.theater-vorpommern.de

Parken kostenpflichtig
an der Stadtmauer
oder in der Tiefgarage

Stralsund

Museumswerkstatt Spielkartenfabrik

Die Spielkartenfabrik im Mehrgenerationenhaus ist sowohl Werkstatt als auch Museum. An allen historischen Maschinen wird noch gearbeitet. So kann man schon bei einem ersten Rundgang faszinierende Einblicke in das alte Handwerk des Druckens mit Typen und Matrizen erhaschen. Wer mehr wissen will, sollte an einer Führung teilnehmen, bei der jeder sogar selbst etwas drucken darf. Oder gleich einen Kurs buchen: Papierschöpfen, Buchbinden und das Herstellen von Geschenkpapier im Siebdruckworkshop werden angeboten. Oder wie wäre es, sein eigenes Kartenspiel auf hochwertigem Karton zu kreieren? Auch das ist möglich.

Die Geschichte der Spielkartenproduktion in Stralsund geht übrigens schon auf das Jahr 1765 zurück, als Johann Kaspar Kern vom schwedischen Generalgouverneur die alleinige Konzession zur Errichtung einer Spielkarten-»Fabrique« erhielt. Mehr als 150 Jahre dauerte die erfolgreiche Produktion an.
Im Obergeschoss der heutigen Werkstatt befindet sich ein integrativer Freizeittreff mit öffentlichem Café.

Katharinenberg 35
18435 Stralsund
Telefon: 03831/703360
www.spiefa.de

Öffnungszeiten:
Mo bis Fr 11 bis 13 Uhr
und 15 bis 19 Uhr

Führungen und Projekte
nach Absprache
Zahlreiche Wochenend-
workshops

Parken kostenpflichtig
an der Stadtmauer
oder in der Tiefgarage

HanseDom

Unter dem Dach des HanseDoms bieten sich so viele Freizeitmöglichkeiten, wie man sie sonst selten findet. Am bekanntesten dürfte das Erlebnisbad Seestern-Therme sein, das auf 120.000 Quadratmetern jede Menge Badespaß bietet. Verschiedene Erlebnisrutschen und Wasserfälle, Kinderbecken und Whirlpools, Wildwasserkanal und zu jeder vollen Stunde hohe Wellen garantieren mehrstündige Abwechslung vor allem für Familien mit Kindern. Wer lieber in Ruhe seine Bahnen zieht, kann das im separaten Sportbad tun.

Im Angebot sind außerdem Aquakurse und die Möglichkeit, vom 5-Meter-Turm zu springen. Der Außenbereich ist als Abenteuerspielplatz für die Kleinen gestaltet, es gibt aber auch die Möglichkeit, Tischtennis, Schach und Boccia zu spielen oder auf Mini-Quads herumzusausen.

Ausgesprochen großzügig ausgestattet ist die orientalische Saunenwelt mit maurischem Badehaus, Rhassoulbad und Tauchbecken im Freien. Zur Entspannung kann man hier auch jede Menge Wellnessanwendungen buchen. Für die eher Sportlichen bietet der HanseDom ein zertifiziertes, besonders gesundheitsorientiertes Fitness-Studio. Außerdem kann man Tennis, Badminton, Squash oder Volleyball spielen.

Wenn sich zwischendurch der kleine oder große Hunger meldet, gibt es für jeden Anspruch etwas Passendes: vom Familienimbiss bei »Käpt'n Nielson« bis zur gesundheitsbewussten Vital-Kost in der Spa-Bar »Marrakech«.

Grünhufer Bogen 18–20
18437 Stralsund
Telefon: 03831/73733-0
www.hansedom.de

Öffnungszeiten:
So bis Do 9.30 bis 22 Uhr
Fr und Sa 9.30 bis 23 Uhr

Eintritt:
Seestern-Therme:
2 Stunden ab 10,50 € / 8 €
Tageskarte ab 17,50 € / 15 €
Familienkarte ab 29 €

Zuschläge an Wochenenden und Feiertagen sowie für Sportbad und Saunenwelt

Brauereiführung

Die Alte Brauerei zu Stralsund wurde 1880 in typischem Backstein erbaut. Dass nicht nur die Braumeister der mittelalterlichen Hanse etwas von gutem Bier verstanden, sieht man an den Auszeichnungen, welche die Stralsunder Jahr für Jahr einheimsen. 2010 gar durfte man sich mit dem Titel »Beste Brauerei Europas« schmücken.

Wer sich selbst von der Qualität des Stralsunder Bieres überzeugen will, sollte eine Brauereiführung mitmachen. Es geht durch die moderne Fertigung ebenso wie durchs historische Alte Sudhaus und das Kühlschiff.

Aber was wäre der Rundgang ohne Bierverprobung? Ein ausgebildeter Biersommelier versteht es, weiß über die bloße Vermengung von Hopfen, Malz und Wasser hinaus die Künste des Handwerks zu preisen und den Besuchern die Geschmackswelt des Bieres mit zahllosen Aromen, Farben und Gerüchen nahezubringen.

In der Brauerei finden übrigens jede Menge Veranstaltungen statt: Musikevents für jeden Geschmack, Tanz, Sport, Lesungen, Kabarett, selbst Messen. Und das Braugasthaus »Zum Alten Fritz« gibt's natürlich auch noch.

Stralsunder Brauerei
Greifswalder Chaussee 84–85
18439 Stralsund
Telefon: 03831/255280
www.altebrauerei.com

Öffnungszeiten:
täglich 11 bis 22 Uhr
Führungen und Verprobungen nach Anmeldung
(im Sommer täglich)
Zahlreiche Abendveranstaltungen

Parken kostenlos
vor dem »Alten Fritz«

Nautineum auf dem Dänholm

Das über zwei Hektar große Freigelände widmet seine Ausstellung der Meeresforschung und der kleinen Seefahrt der Fischer. Von der Heringskiste bis zum Tauchroboter, vom Unterwasserlabor Helgoland bis zur spannenden Zeesbootfischerei gibt es hier viel zu entdecken. In einer Ausstellungshalle befinden sich Tauchgeräte zur Beobachtung der Schleppnetzfischerei, Tauchschlitten und kleine Unterwassergeräte. Im Hintergrund hört man Schallsignale. Eine andere Halle zeigt mehrere voll aufgebaute und mit gehissten Segeln ausgestattete Zeesenboote. Fischer rufen sich bei der Arbeit Hinweise zu, Möwen schreien. Der Rundgang dauert mindestens eine Stunde und länger, wenn man sich in den aufgestellten großen Reusen verfängt. Dem Nautineum gegenüber ragen die großen Hallen der Volkswerft über den Sund, auf der anderen Seite leuchten die bunten Seezeichen vom Tonnenhof des Wasser- und Schifffahrtsamtes. Wohin der Blick sich auch wendet, überall geht es um die Auseinandersetzung mit dem Meer.

Zum Kleinen Dänholm
18439 Stralsund
Telefon: 03831/288010
www.meeresmuseum.de/nautineum

Öffnungszeiten:
Mai, Oktober
täglich 10 bis 17 Uhr
Juni bis August täglich
10 bis 18 Uhr

Eintritt: 3 € / 2 €

Parken kostenlos am Eingang

Marinemuseum auf dem Dänholm

Das Marinemuseum befindet sich auf dem Gelände der alten preußischen Sternschanze aus dem 19. Jahrhundert, umgrenzt von Wall- und Kasemattenanlagen.

Stralsund gilt zwar als »Wiege der preußischen Marine«, der Dänholm hatte aber schon im Mittelalter strategische Bedeutung für Angriff und Verteidigung. 1827 entstand hier das königlich-preußische Marinedepot. Von der Reichsmarine bis zur Bundesmarine reicht deren Geschichte. Eine sorgfältig ausgewählte Exposition von Bildern, Übersichten, Uniformen, Flaggen, Ausrüstungsgegenständen und Dokumenten zeigt deren Entwicklung.

Eindrucksvoll veranschaulichen weitere Bilder und Baudokumente die Errichtung des Rügendammes, der 1937 eingeweiht wurde.

Die größten Ausstellungsstücke befinden sich auf der Freifläche: Dazu gehören der Marinehubschrauber Mi 8T oder das kleine Torpedoschnellboot Projekt 131 (»Libelle«) der Volksmarine.

Sternenschanze 7, Dänholm,
Haus 10
18439 Stralsund
Telefon: 03831/297327
www.mom-stralsund.de

Öffnungszeiten:
Mai, Oktober
täglich 10 bis 17 Uhr
Juni bis August
täglich 10 bis 18 Uhr

Eintritt: 6 € / 3 €

Parken kostenlos 100 m vor dem Eingang

Altefähr

Rügener Glasperlenkunst

Das Glasperlendrehen ist eine uralte Kunst und viel aufwendiger, als die fertigen kleinen Kügelchen vermuten lassen. Evelyn Wagner-Rahmfeld liebt es, wenn das spröde Glas in der Hitze nachgibt, die schmelzende, geschmeidige Masse sich rundet und die Farben zu Unikaten verlaufen.

Das Fusing, also das Verschmelzen unterschiedlicher Glasschichten im Schmelzofen, ist eine moderne Form der Glasgestaltung. Dekorative Gefäße und Schmuck entstehen so. Und es eignet sich selbst für Anfänger, die das Medium Glas einfach mal ausprobieren oder sich ein ganz individuelles Schmuckstück gestalten wollen. Evelyn Wagner-Rahmfeld bietet Kurse ab 2 Personen an und versichert, dass jeder es in 2 Stunden schafft, ein gläsernes Andenken nach seinem Geschmack zu kreieren. Der Fusingbrand bei rund 88 Grad dauert dann allerdings länger, so dass die fertigen Stücke erst später abgeholt werden können.

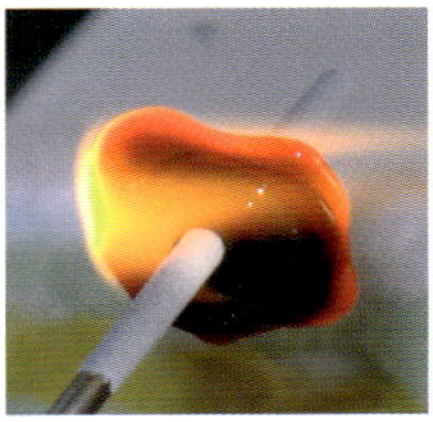

Evelyn Wagner-Rahmfeld
Am Anger 39
18573 Altefähr
Telefon: 038306/629833
www-ruegener-glasperlen-kunst.de

Verkauf, Werkstattbesuche und Glasfusingkurse nach telefonischer Anmeldung

Kurs: Grundgebühr zuzüglich Material nach Verbrauch, Kaffee und Wasser inklusive

Parken kostenlos vor dem Haus

Götemitz

Rügener Fayencen von Peter Dolacinski

Auf milchig-weißer seidenmatter Glasur leuchten regionale Motive in blauer Farbe – typisch für die Keramiken des Töpfermeisters Peter Dolacinski. Seit 1981 lebt und arbeitet der »Urvater« der Rügener Fayencen in dem kleinen Ort Götemitz. Gab es in den 80er Jahren gerade eine Handvoll Töpfer auf der Insel, können Gäste heute unter mehr als 20 Keramikkünstlern wählen. Einige von ihnen lernten in dieser Werkstatt.

Der Töpfermeister erzählt kraftvoll und sehr lebendig über sein Leben mit der Keramik. Gern lädt er Besucher ein, den Entstehungsprozess zu beobachten. Während unter der Decke auf den vielen Brettern die Tonware die erste Phase der Trocknung durchwartet, rotiert zu ebener Erde die Drehscheibe. Viele Arbeitsschritte sind notwendig und mindestens zehn Tage braucht es, bis eine Schale oder ein Krug zum Verkauf angeboten werden kann.

Töpfermeister Peter Dolacinski
Götemitz 24
18573 Rambin
Telefon: 038306/1361
www.dolacinski.de

Öffnungszeiten:
täglich von 10 bis 16 Uhr

Eintritt frei

Parken kostenlos vor dem Haus

Samtens

Technik-Modell-Museum

Aufgeschnittene Motoren, ein originaler, 6 Meter hoher Modellkran aus dem Kranbauwerk Eberswalde, tausende unterschiedliche Autos in Vitrinen, militärische Modellfahrzeuge, Eisenbahnanlagen von Rügen und vieles andere können hier betrachtet werden. Der Chef des Museums erklärt gern die Funktionsweise und Einsatzorte der Exponate. Den Ausführungen des Maschinenbauingenieurs werden technikinteressierte Besucher gern folgen. Für weniger begeisterte Begleitpersonen gibt es ein amüsantes Café mit Plüsch und Blick auf einen Schrottplatz.

Das vereinsgeführte Museum steht etwas versteckt auf dem Gelände einer Industriebrache von Samtens. Die Zufahrt mag wenig Vertrauen erwecken, aber nach Steinschredderanlage und Metallgroßhandel erwartet den Besucher im ehemaligen Trockenwerk von Samtens ein kurzweiliger Aufenthalt.

Muhlitzer Straße 3
18573 Samtens
Telefon: 0172/3838986
www.technik-modell-museum.de

Öffnungszeiten:
April bis Oktober
Mo bis Fr 14 bis 17 Uhr
und nach Voranmeldung

Eintritt:
3 € / 1,5 €
Familien
(2 Erw.+ Kinder bis 16 J.) 7 €

Parken kostenlos
vor dem Haus

Bergen

Museum im Klosterhof

Geweiht wurde die Klosteranlage der Zisterzienser-Nonnen 1193 zusammen mit der Marienkirche. Nach der Reformation zog in die Gemäuer ein Jungfräuleinstift für Damen von adliger Herkunft ein. Das Stadtmuseum ist heute in einem der früheren Stiftsgebäude untergebracht. Es ist das einzige Museum Rügens, das die historische Entwicklung der Insel von der Frühgeschichte bis zum 19. Jahrhundert zeigt: Von der Steinzeit über die Zerstörung der slawischen Tempelburg Arkona und die Schwedenzeit bis zu Details der Stadtgeschichte Bergens. Das 2. Obergeschoss ist wechselnden Sonderausstellungen vorbehalten.

Billrothstraße 20a
18528 Bergen
Telefon: 03838/252226
www.stadt-bergen-auf-ruegen.de

Öffnungszeiten:
Mai bis Oktober
Di bis Sa 10 bis 16.30 Uhr
November bis April
Di bis Fr 11 bis 15 Uhr,
Sa 10 bis 13 Uhr

Eintritt:
2 € / 1 €
Familienkarte 4 €

Parken kostenpflichtig auf dem Markt

Handwerkerläden im Klosterhof

Gleich neben dem Stadtmuseum lagen einst die Stallungen des Klosters. Nach einer aufwendigen Sanierung sind dort die Schauwerkstätten der Kunsthandwerker eingezogen. Selbstgegossene und gestaltete Rügenkerzen von Karola Kolbe gibt es hier. Nebenan lässt sich die Schmuckgestalterin Rita Ackermann bei ihrer Arbeit über die Schulter schauen, wenn sie ihren Kupfer- oder Messingschmuck formt. Und unter Kati Rohdes Händen entsteht Kunstkeramik. Besonders eindrucksvoll ist es, wenn einzelne Stücke im Rakubrand veredelt werden. Wollen Eltern gern noch ein wenig länger schauen, können Kinder kleine Keramikfische oder -schildkröten bemalen.

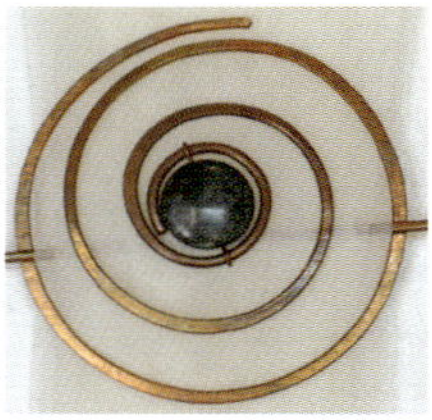

Klosterhof Bergen
Billrothstraße 20b
18528 Bergen

Karola Kolbe
Telefon: 0160/8120260

Rita Ackermann
Telefon: 0152/26345021

Kati Rohde
Telefon: 0176/96108489

Öffnungszeiten:
April bis Oktober
Di bis Fr 11 bis 18 Uhr
Sa 11 bis 13 Uhr
November bis März
Di bis Fr 11 bis 16 Uhr

Parken kostenpflichtig auf dem Markt

Marienkirche Bergen

Die Marienkirche in Bergen ist der älteste Backsteinbau der Insel Rügen. Ab 1180 ließ Fürst Jaromar I. sie zusammen mit dem Zisterzienserkloster errichten. Bei einer Restaurierung zwischen 1896 und 1903 wurde ein großer Bestand an alten Wandmalereien freigelegt, so dass heute die wertvollen spätromanischen Kunstwerke mit biblischen Motiven im Inneren der Kirche wieder zu sehen sind. Die Kirche zählt zu den »National wertvollen Kulturdenkmälern«. Eine kuriose Besonderheit ist, dass das Ziffernblatt der Turmuhr 61 Minuten zählt.

Billrothstraße 1
18528 Bergen
Telefon: 03838/253524
www.kirche-bergen.de

Öffnungszeiten:
Mai bis Oktober
Mo bis Sa 10 bis 16 Uhr
(So Gottesdienst)
November bis April
Mo bis Fr 9 bis 12 Uhr
Schlüssel im Kirchenbüro

Konzertsommer von Anfang Juni bis Ende September
Jeweils mittwochs 20 Uhr
Eintritt 8 € / 6 €

Parken kostenpflichtig auf dem Markt

nahtwerk.papierkunst

Karten zum Verschenken aus Papier, für fröhliche, besinnliche oder dankbare Momente – und sie sind schwer zu beschreiben:
Ute Matthiesen bearbeitet das Papier mit ihrer Nähmaschine, zieht darauf Faden-Linien oder ein ganzes Flechtwerk und macht daraus … ja was? Applikationen, genähte Bilder – in jedem Fall ist es eine Kunst, die sie meisterlich beherrscht. Wer den Weg zu ihrem Atelier findet, kann sich davon überzeugen, dass jedes Stück ein Unikat ist und dem, dem man es schenkt, in Erinnerung bleiben wird.

nahtwerk.papierkunst
Ute Matthiesen
Atelierladen im Gutshaus Jarnitz
Dorfstraße 18
18528 Ralswiek / OT Jarnitz
Telefon: 03838/201880
www.nahtwerk.de

Öffnungszeiten:
Di bis Fr 10 bis 16 Uhr
sonst auf gut Glück oder nach telefonischer Verabredung

Parken kostenlos neben dem Haus

Moisselbritz

Atelier Cornelia Ciechocki

Die Künstlerin wohnt dort, wo es fast schon nicht mehr weiter geht. Gleich hinterm Garten schimmert der Jasmunder Bodden. Hier arbeitet Cornelia Ciechocki, wenn sie Steine behaut. Zum Malen und Zeichnen zieht sie sich ins Haus zurück.
Wer sie und ihre kleine Ausstellung unterm Dach besucht, wird über ihre Vielseitigkeit staunen. Neben Speckstein-Skulpturen und zarten Aquarellen fallen filigrane Schmuckstücke und selbst Seidentücher ins Auge.

Wer sich selbst einmal künstlerisch ausprobieren möchte, kann bei der Künstlerin einen Kurs buchen. Vorkenntnisse sind nicht erforderlich.

Cornelia Ciechocki
Boddenweg 11
18528 Rappin / OT Moisselbritz
Telefon: 03838 / 313056
www.ruegen.kunst-handwerk.info/Papier

Öffnungszeiten:
Mi bis Fr 10.30 bis 17 Uhr
sowie ganzjährig nach telefonischer Verabredung

Parken kostenlos
vor dem Haus

Kleine Wetterkunde Süd-Rügen

von Stefan Kreibohm, meteomedia Wetterstudio Hiddensee

Der Südwesten Rügens ist am wärmsten. Das belegen alle Messdaten, die wir haben. Gleichzeitig gibt es hier aber weniger Sonne. Das klingt im ersten Moment widersprüchlich, ist es aber gar nicht. Bestimmte Wolken – Quellwolken, Cumulus, Blumenkohlwolken – brauchen von unten Wärme. Sie entstehen durch Thermik, also aufsteigende Luft, und die entwickelt sich immer dann, wenn die Sonne scheint und der Boden sich erwärmt.
Die Luftmassen werden leicht, steigen auf, kühlen dabei ab – und es bilden sich »Schönwetter-Wolken«. Vor allem über Land. Diese Wolken ziehen bei Südwestwind vom Festland über den Strelasund nach Rügen, genauer Richtung Süden der Insel. Und so nah am Land ist es eben noch am wärmsten, auch wenn die Sonne sich hinter den Wolken versteckt.

Zudar

Wallfahrtskirche St. Laurentius

Ein wundertätiges Marienbild machte die kleine Kirche zu einem weithin bekannten Ort – und so ist es nicht verwunderlich, dass eine Reise nach Zudar in Norddeutschland einst so viel Wert hatte wie eine Pilgerfahrt nach Rom. Allerdings änderte sich dies bald. Nachdem ein Pilgerschiff 1372 auf dem Weg nach Zudar im Sund kenterte (es kam »ein wedder und groth storm«) und alle Pilger ertranken, hörten die Wallfahrten auf.

Die Kirche wurde erstmals im Jahr 1318 urkundlich erwähnt. Dreihundert Jahre später erhielt der schlichte Backsteinbau einen hölzernen Glockenturm.

Reizvolle Kirchen, faszinierende Denkmäler und Zeugnisse der Backsteingotik findet man in vielen Gemeinden der Insel. Auf Rügen gibt es 49 Kirchen. Die ältesten, die Pfarrkirche in Altenkirchen und St. Marien in Bergen, entstanden im 12. Jahrhundert.

Neben St. Laurentius in Zudar waren St. Pauli in Bobbin und St. Johannis in Schaprode Wallfahrtskirchen.

St. Laurentius Wallfahrtskirche
Dorfstraße 22
18574 Zudar
Telefon: 038304/257
www.kirchenkreis-stralsund.de

Öffnungszeiten:
täglich von 9 bis 17 Uhr

Eintritt frei

Parken kostenlos an der Dorfstraße

Groß Schoritz

Geburtshaus Ernst Moritz Arndt

Das Gutshaus von Groß Schoritz wurde kurz vor 1750 fertiggestellt. Der Vater von Ernst Moritz Arndt erwarb es, nachdem er sich am 27. März 1769 für 80 Taler aus seiner Leibeigenschaft vom Grafen Malte zu Putbus freikaufen konnte. Wenige Monate später wurde hier sein erster Sohn – Ernst Moritz – geboren: am 26.Dezember 1769. Die Mutter starb an Kindbettfieber.

Das teilweise restaurierte Gutshaus ist heute Sitz der Ernst-Moritz-Arndt-Gesellschaft. Äußerlich atmet der 250 Jahre alte Bau etwas von der Geschichte seiner interessanten Bewohner. Tatsächlich wird nur in einigen einfachen Schautafeln Einblick in die Familien- und Freundesstruktur des Dichters und seiner Eltern gegeben.

Etwas unterhaltender dürften die Broschüren von Arndt Märchen und Schriften über Rügen sein. Diese können hier erworben werden.

Dorfstraße 22
18574 Groß Schoritz
Telefon: 038304/524
www.ernst-moritz-arndt-gesellschaft.de

Öffnungszeiten:
Mo bis Fr 10 bis 16 Uhr

Eintritt frei (Spende)

Parken kostenlos an der Dorfstraße

Ernst-Moritz-Arndt-Museum

Der Zweckbau entstand 1937 und wurde extra als Museum für den streitigen Literaten Ernst Moritz Arndt (1769–1860) errichtet. Die Ausstellung stellt insbesondere das literarische Schaffen des bekanntesten Rüganers vor. Fragmente der originalen Schriften sind chronologisch angeordnet. In Zeitbezüge gestellt, zeigen sie überraschende, teilweise gegensätzliche Facetten. Arndt schrieb Märchen, verfasste Reisebeschreibungen, war kraftvoller Poet und politischer Schriftsteller. Sein Vater schaffte den Weg vom Hirtensohn bis zum Gutsinspektor. Dennoch setzte sich der Sohn mit der Leibeigenschaft kritisch auseinander. Nach dem Erscheinen des Buches »Versuch einer Geschichte der Leibeigenschaft in Pommern und Rügen« wurde Ernst Moritz Arndt von den Gutsbesitzern verklagt. Andererseits zeigen einige seiner Schriften, wie sehr er die Franzosen ablehnte. Noch umstrittener sind seine antisemitischen Äußerungen.
Eine ruhige Museumsstunde gibt interessante Einblicke in die Zeit nach den napoleonischen Freiheitskriegen (1813–1815).

An den Anlagen 1
18574 Garz
Telefon: 038304/12212
www.stadt-garz-ruegen.de

Öffnungszeiten:
Mai bis Oktober
Di bis Sa 10 bis 16 Uhr
November bis April
Mo bis Fr 10 bis 15 Uhr

Eintritt: 1,50 € (Spende)

Parken kostenlos am Haus

Putbus

Theater

1821 bekam die neue Stadt Putbus ihr Theater, wer es konzipierte ist unbekannt.
Vom Berliner Baumeister Johann Gottfried Steinmeyer wurde es 1826 umgestaltet und erstrahlt dank umfassender Restaurierungsarbeiten von 1992 bis 1998 in der von ihm angelegten klassizistischen Schönheit.

Das Theater gibt für Einheimische und Badegäste ca. 400 Vorstellungen im Jahr, im Juli und August auch explizit für Kinder.
Der Saal hat 256 Plätze. Das Gebäude ist behindertenfreundlich eingerichtet und hat eine Schwerhörigen-Hilfs-Anlage. Nur zu den Vorstellungen hat das Theatercafé geöffnet, eine Stunde vor Beginn und in der Pause.
Bis auf die Theaterferien von Anfang Januar bis Mitte Februar wird ganzjährig gespielt.
Führungen durch das Haus werden Montag bis Donnerstag 11.15 und 14 Uhr oder nach Absprache angeboten, wenn der Spielplan es zulässt. Dann kann man die Bühne und den Saal begehen, die Beleuchtung ausprobieren und die Bühnenbilder einmal aus der Nähe betrachten.

Theater Putbus
Markt 13
18581 Putbus/Rügen

Kartentelefon:
038301/808330
Kartenhotline:
03831/26466

www.theater-vorpommern.de

Führungen:
Erwachsene 2 €
Kinder kostenlos

Januar bis Mitte Februar
Spielpause

Parkplätze kostenpflichtig
vor dem Theater

Uhrenmuseum

»**E**s war einmal … « – früher war die Zeit für alle ein Phänomen. Versuche, die Subjektivität von Zeit zu objektivieren, fanden seit Menschengedenken statt. Auch die Geschichte der Uhren zeugt davon. Franz Sklorz war als Techniker ein leidenschaftlicher Sammler mechanischer Geräte. Er trug viele Jahre die verschiedensten Uhren, Regulatoren und Musikapparate zusammen, reparierte und pflegte sie liebevoll in seiner kleinen Werkstatt. Wer arbeitet, weiß wie die Zeit vergeht. Im Sommer 2011 blieb die Uhr von Franz Sklorz stehen.

Seine Frau Elfriede Sklorz führt das Museum weiter. Sie gibt den von der Bewegung Faszinierten Einblick in die mechanischen Uhrwerke, lässt die Kuckucksuhren rufen und das Orchestrion spielen.
Dem interessierten Besucher erläutert sie Einzelheiten zu den Ausstellungsstücken.
Die Geschichten der Uhren erzählen die Geschichte der Menschen. Wer zurückblickt, kann vorausdenken. »Es wird einmal … « – die Zeit ist und bleibt für alle ein Phänomen!

Alleestraße 13
18581 Putbus/Rügen
Telefon und Fax:
038301/60988

www.uhrenmuseum-putbus.de

Öffnungszeiten:
November bis April
täglich 11 bis 16 Uhr
Mai bis Oktober
täglich 10 bis 18 Uhr

Preise:
Kinder (6 bis 14 J.) 2 €
Erwachsene 4 €
ab 10 Personen
3,50 € pro Person

Parkplätze kostenlos
vor dem Museum

Galerie in der Orangerie

»Wir stiften Kultur für die Insel.« Im Namen »Kulturstiftung Rügen« stecken Programm und Perspektive zugleich. Seit dem Januar 2011 ist auch die Orangerie Ausstellungsort für wechselnde Projekte und Künstler mit einem persönlichen oder inhaltlichen Bezug zur Insel Rügen. Die Stiftung präsentierte dort bereits u.a. Fotografien von Toomas Kokovkin, Grafik von Käthe & Juliane Ebner, Malerei von Adrian Leverkühn und Holzskulpturen von Hans Werner Kratsch. Viele Künstler geben gern Auskunft über ihre Denk- und Arbeitsweisen. Ort und Zeit für Gespräche, Ausstellungen und Veranstaltungen kann man der gut geführten Homepage entnehmen.

Tipp: Im Torhaus der Orangerie kann man rechter Hand Fayencen von »anders KERAMIK« anschauen sowie kaufen und linker Hand im Café warme Getränke und Eis bestellen. Beide haben im Sommer Dienstag bis Samstag von 11 bis 18 Uhr geöffnet. Kopf oder Bauch? Oder beides!

Kulturstiftung Rügen / Orangerie Putbus
Alleestraße 35
18581 Putbus
Telefon und Fax:
038301/889797
www.kulturstiftung-ruegen.de

Öffnungszeiten:
Mai bis Oktober
Di bis So 11 bis 18 Uhr
November bis April
Di bis Sa 11 bis 17 Uhr

Eintritt:
Kinder (bis 14 J.) frei
Jugendliche/Studenten 3 €
Erwachsene 4 €

Parken kostenpflichtig im Ort

Puppen- und Spielzeugmuseum

Wer will schon erwachsen werden? Keiner – jedenfalls nicht freiwillig! Doch niemand kann der Verantwortung ausweichen und die Lebensgefährten der Kindheit verabschieden sich – Stück für Stück für Stück. Karin Ernst hat die Stücke gesammelt und ihnen ein neues Heim gegeben. Im ehemaligen Affenhaus ist nun ihr Rügener Puppen-und Spielzeugmuseum zu Hause. Da fährt der Teddy Auto, die Puppe Karussell und Oma setzt den Teekessel auf den Kohlenherd. In der »Guten Stube« steht das feine Porzellan auf dem Tisch und im Sterbezimmer wird gestorben.
Man sieht nicht Puppen, sondern Geschichten. Man sieht die Lebensweise der Großeltern, der Eltern und die eigene. Und man findet vergessene Lebensgefährten wieder!

Jedes Frühjahr wechselt Karin Ernst ihre Ausstellungsstücke. Sie führt den Besucher (vorher anfragen), erzählt aus dem Leben der Puppen und manchmal auch augenzwinkernd aus ihrem eigenen. Auf Vorbestellung zeigt sie für Gruppen ab 10 Personen, wie eine Puppe angefertigt wird. Das dauert ca. zwei Stunden, aber man kann dabei Kaffee trinken und Kuchen essen. Und wer nicht als erwachsen gelten will, bestellt sich eine Milch!

Kastanienallee
18581 Putbus
Telefon: 038301/60959
0172/3003824
www.puppenmuseum-putbus.de

Öffnungszeiten:
Mai bis September
täglich 9 bis 20 Uhr
Oktober bis April
täglich 10 bis 18 Uhr

Eintrittspreise:
Erwachsene 3,50 €
Kinder (6 bis 14 J.) 1,50 €

Parken kostenlos vor dem Museum

Welt der Experimente

Ein Experiment ist die »Vermehrung der Erfahrenheit durch den Trieb, allerlei zu versuchen«. Dieser Trieb wird hier nachhaltig angeregt: bei Kindern, die nichts wissen und alles glauben wollen, und bei Erwachsenen, die alles wissen wollen und nichts glauben. Empirische Erfahrungen geben Antwort auf Fragen mit »Wie«:

Wie funktioniert eine Kegelradumlenkung?
Wie dreht sich die Erdkugel?
Wie ist eine Radarfalle angelegt?
Wie liest man Wörter auf dem Kopf?
Wie funktioniert ein Flaschenzug?
Wie macht man Herbstnebel mit Ultraschall?
Wie...so bin ich noch nicht in Putbus und gebe meinem Spieltrieb nach?

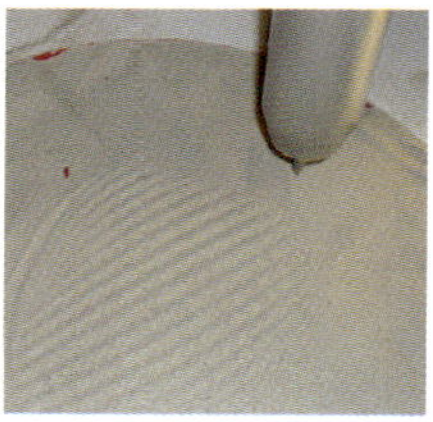

Lauterbacher Straße 9a
18581 Putbus
Telefon: 038301/898336
www.museum-prora.de

Öffnungszeiten:
April bis Oktober
täglich 9 bis 18 Uhr
November bis März
täglich 10 bis 16 Uhr

Eintrittspreise:
Erwachsene 4,50 €
Kinder (3 bis 12 J.) 3,50 €
Familienkarte
(Eltern mit Kindern bis 12 J.)
10,50 €

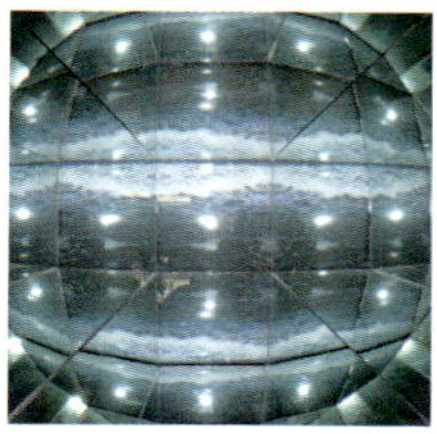

Pirateninsel

Auf 2000 Quadratmetern darf hier jeder machen, was auch richtige Piraten am besten können: Krach! Die Urschreie tönen vom Riesen-Wabbelberg, aus Elektrokarts, vom Fußballfeld, von Schaumgummiball-Kanonen, von Hüpfburgen und Trampolinanlagen. Erwachsenen bleibt nur eine Möglichkeit – mitmachen und mitlachen! Denn auch Schrei-Energie verbraucht Kalorien und macht die Wildesten der Wilden irgendwann bettmüde! Eine große Cafeteria bietet den kleinen Piraten eine Alternative zur häuslich-gesunden Kost.

Will man sich im Putbusser Park abkühlen oder einfach nur draußen die Ohren ausschütteln, kann man, wenn man noch kann, mit der gelösten Eintrittskarte gern wiederkommen.

Lauterbacher Straße 10
18581 Putbus
Telefon: 038301/898366
www.pirateninsel-ruegen.de

Öffnungszeiten:
Mo bis Fr 13 bis 19 Uhr
Wochenende, Feier- und Ferientage in Mecklenburg-Vorpommern 10 bis 19 Uhr

Eintrittspreise:
Erwachsene Tageskarte 3,50 €
ab 17.30 Uhr 2,50 €
Kinder Tageskarte 6,10 €
ab 17.30 Uhr 3,50 €
Wer zuerst im »Haus-Kopfüber« war (s.S. 34), erhält 1 € Rabatt

Parken kostenlos
vor dem Haus

Haus-Kopf-über

Die Sicht der Fledermaus auf die Welt ist eine andere: Oben ist unten!
Diese Betrachtungsweise ist für einen Menschen gewöhnungsbedürftig. Bei Regen sucht er ein schützendes Dach über dem Kopf, nicht unter den Füßen. Beim »Haus-Kopf-über« ist nicht nur oben unten, sondern auch waagerecht schief. Hier wird das Gleichgewicht außer Kraft gesetzt und jeder macht seine im Wortsinn schräge Erfahrung.

Hat man sich dann in der neuen Situation »eingependelt«, wird der Getäuschte zum Täuscher. Die Einrichtung der Zimmer lässt den Besucher eine Vielzahl unmöglicher und skurriler Situationen entdecken – für alle eine spaßige Sache!
Wichtig: Den Fotoapparat verkehrt herum halten und auf dem Foto »Batman« sein!

Lauterbacher Straße 10
18581 Putbus
Telefon: 038301/898366
www.pirateninsel-ruegen.de

Öffnungszeiten:
November bis März
täglich 12 bis 16 Uhr
April bis Oktober
täglich 10 bis 19 Uhr
24./25./31. Dezember
und 1. Januar geschlossen

Wer im »Haus-Kopf-über« war, erhält 1 € Rabatt für die »Pirateninsel«

Parken kostenlos
vor dem Haus

Putbus

Alte Schmiede

Die Ausstellung »Das verschwundene Schloss« in der »Alten Schmiede« widmet sich einem bis heute heiklem Thema. Sie zeigt die Geschichte des einst prunkvollen Herrschaftshauses der Familie zu Putbus von 1945 bis zur Sprengung in den Jahren 1960 bis 1964. Fotos, Dokumente, Protokolle und Modell geben einen spannungsvollen Einblick in den Kampf zwischen politischer Macht und kultureller Verantwortung. Die wechselvolle Historie des Schlosses endete mit der Entscheidung des Rates des Bezirkes Rostock und dem Ministerium für Kultur in Berlin im April 1957, das Bauwerk zu beseitigen.

Kastanienallee (am Marstall)
18581 Putbus
Telefon: 038301/898336

Öffnungszeiten:
1. Mai bis 31 Oktober
täglich 11 bis 17 Uhr

Eintritt:
Erwachsene 2 €/1.50 €
Kinder (6 bis 12 J.)
1 €/50 Cent
Familienkarte
4,50 €/3,50 €

Parken kostenpflichtig
im gesamten Ort

Vilmnitz

Kirche St. Maria Magdalena

Die gotische Kirche liegt malerisch auf einer kleinen Anhöhe gleich neben der Straße. Schon 1351 wurde sie als Begräbnisstätte derer zu Putbus bezeichnet. In der Gruft unter dem Ostchor stehen unter einer Falltür noch heute wertvolle Zinn- und Holzsärge der Fürsten. Der Stadtgründer von Putbus, Fürst Malte und seine Gemahlin, wurden als Letzte (1854 und 1860) in der Gruft beigesetzt.
Im Inneren der Kirche fallen vor allem vier Sandsteinepitaphien und die reich geschmückte Barockkanzel ins Auge. Die Orgel stammt aus der Werkstatt des berühmten Meisters Mehmel aus Stralsund. Sie gilt als besonders klangschön. Seit 25 Jahren finden im Sommer jeden Donnerstag Orgelkonzerte statt.

Evangelisches Pfarramt
Putbus
Pfarrerin Bettina Morkel
Alleestraße 34
18581 Putbus
Telefon: 038301/436
www.kirche-putbus.de

Öffnungszeiten:
März bis November
täglich 9 bis 16 Uhr
im Winter geschlossen

Im Sommer jeden Donnerstag
abendliche Orgelkonzerte

Parken kostenlos an der
Dorfstraße

Fahrt mit dem Rasenden Roland

Er wird liebevoll Rasender Roland genannt, obwohl seine Geschwindigkeit alles andere als atemberaubend ist. Aber gerade das macht den Reiz der dampfgetriebenen Schmalspurbahn aus: mit maximal 30 km/h gemütlich durch die malerische Landschaft zu zuckeln. Ein Erlebnis, das es schon seit 1895 gibt.
Sehr beliebt sind übrigens Führerstandsmitfahrten. Bei denen dürfen Eisenbahnfans vorn auf der Lok dem Zugführer und dem Heizer beim Kohlenschaufeln über die Schultern schauen. Rechtzeitig vorbuchen!

Die BäderBahn verkehrt von Putbus über Binz, Sellin und Baabe nach Göhren (teilweise auch ab Lauterbach Mole). Sollte das Wetter mal so schlecht sein, dass sich am Aussteigebahnhof keine längeren Spaziergänge anbieten, so gibt es direkt vor Ort Einkehrmöglichkeiten:
in Putbus den »Rosenhof« (italienisch), in Binz das »Restaurant Rasender Roland« und in Sellin Ost den »Kleinbahnhof« (beide bahnnostalgisch); Göhren bietet eine Fischräucherei.

Rügensche BäderBahn
»Rasender Roland«
Gartenstraße 5
18528 Bergen
Telefon: 03838/813594
www.ruegensche-baeder-bahn.de

Fahrten im Zweistundentakt / im Sommer zusätzliche Züge, separater Fahrrad-/ Gepäckwagen

Preise:
für die einfache Gesamtstrecke: 9 € / 4,50 € (6–13 J.)
Familien- und Tageskarten erhältlich
(Stand vom 01.11.2011)

Zirkow

Museumshof

In dem alten, historisch originalgetreu erhaltenen Gebäude können Besucher auch ohne große Vorkenntnisse viel über die Geschichte des umgebenden Landstrichs erfahren. Das Kübbungsdielenhaus (Kübbung = größerer Seitenraum unter der Traufe) auf dem Museumshof von Zirkow wurde bis vor 50 Jahren durch Nachkommen des ersten Erbauers bewohnt. Der Bau mit seinem hallenartigen Innenraum, ohne Schornstein und mit kleinem Wohnbereich stammt aus dem Jahr 1727.
Das weit heruntergezogene Dach lässt nur wenig Licht hinein. In der Hofanlage werden landwirtschaftliche und Hausgeräte aus mehreren Jahrhunderten gezeigt. Teilweise funktionieren diese noch: Eine schwer zu bedienende Wäschemangel, Strohhäckselmaschinen, alte Dreschkästen, gusseiserne Waffeleisen und anderes interessantes Gerät wurden so aufgestellt, wie man sie vermutlich in der Vergangenheit brauchte.
Die Tiere fehlen, die hier gemeinsam mit den Menschen unter einem Dach lebten und das Haus warm hielten.

Museumshof Zirkow
Binzer Straße 43 a
18528 Zirkow

Öffnungszeiten:
Mai bis September
täglich 9 bis 18 Uhr
Oktober bis April
Mo bis Fr 10 bis 16 Uhr

Eintritt: 2 € / 1,50 €

Parken kostenlos am Haus

Karls Erlebnis-Dorf Rügen

Den Namen Karls Erlebnis-Dorf kann man durchaus wörtlich nehmen: Unzählige Spiel- und Spaß-Attraktionen sind eingebettet in eine künstlich angelegte Dorflandschaft. Vieles befindet sich im Freien, doch auch bei schlechtem Wetter gibt es für Familien mit Kindern noch jede Menge Unterhaltung im Trockenen. Da wären z.B. eine Kletterscheune und das Tobeland. Fürs leibliche Wohl sorgen an einem Ende des Geländes der Dorfkrug mit einem originellen Erdbeermuseum sowie am anderen die Hof-Bäckerei und Friedas Hof-Küche.

Binzer Straße 32
18528 Zirkow
Telefon: 038393/131534
www.karls.de

Öffnungszeiten:
täglich 9 bis 19 Uhr

Eintritt: frei

Großer kostenloser Parkplatz

Prora

Experimenta – Museum zum Anfassen

Kugeln rollen nie bergan und Schatten kann man nicht festhalten? Die »Experimenta« beweist spielend das Gegenteil. Naturwissenschaft mal nicht zum Büffeln, sondern zum Begreifen im wörtlichen Sinn. Auf mehr als 1000 Quadratmetern darf gestaunt und experimentiert, getüftelt, gewettet und ausprobiert werden. Da fahren Schiffe mit Wasserantrieb, durchs Rohrtelefon dringen selbst geflüsterte Worte und die Schatten gefrieren faktisch an der Wand. Die Besucher bringen Magnete zum Schweben und können die Wirkung eines Erdbebens spüren. Beileibe nicht nur etwas für Kinder, sondern für Neugierige jeden Alters.

Im Garten steht noch eine Goldwaschanlage und echte Edelsteine warten auf echte Schatzsucher.

Prorarer Chaussee 59b
18609 Prora
Telefon: 038393/131318
www.experimenta-ruegen.de

Öffnungszeiten:
April bis Juni, Oktober
täglich 9 bis 17 Uhr
Juli, August
täglich 9 bis 18 Uhr
September, Weihnachts- und Winterferien
täglich 10 bis 16 Uhr

Eintritt:
6,50 € / 5,50 €

Parken kostenlos
hinter dem Haus

Eisenbahn- und Technikmuseum

Um die größte Dampflok Europas, eine russische Produktion, vom vorderen Puffer bis zum hinteren Rangierhaken abzuschreiten, benötigt ein Erwachsener ca. 46 Schritte. Wie riesig solche eiserne Kolosse in Natur sind, kann in der 120 Meter langen Ausstellungshalle in Prora beeindruckend erfahren werden.

Auf Schienen gestellt und in ein Kiesbett gelegt finden die ausrangierten Zugmaschinen hier als Museumsstücke eine weitere Verwendung. Klitzeklein wirkt der betrachtende Besucher daneben.

Interessant ist auch die Pkw-Ausstellung von Oldtimern, die nicht nur über Europas Straßen fuhren. Volvo, BMW, IFA, Mercedes, Chevy oder Ford stehen blank geputzt in Reih und Glied.

Alte Wagen der Feuerwehr und Loks aus dem Rügener Kreideabbau fehlen natürlich nicht. Besonders stolz sind die Aussteller auf einen Feuerwehrwagen aus Sheffield, den Dennis Pumper.

Am Bahnhof Prora
18609 Prora
Telefon: 038393/2366
www.etm-ruegen.de

Öffnungszeiten:
April bis Oktober
10 bis 17 Uhr

Eintritt: 6 € / 3 €

Parken kostenlos
vor dem Eingang

NVA-Museum

Um die Dimension des Gebäude-Komplexes in Prora zu erfassen, müsste man in die Luft gehen. Einen ungefähren Eindruck erhält man durch eine interessante Führung, in der ein großes Modell nahe dem Eingang erläutert wird. 1992 wurde die 9148 Räume besenrein an das Bundesvermögensamt übergeben. Seit 1994 gehört das Ensemble, dessen Wurzeln in der Nazizeit liegen, dem Kurort Binz. Es steht unter Denkmalschutz. Die Geschichte der möglichen Investoren allein böte Stoff für einen spannenden Vortrag.

In den fünf Etagen begegnet man der Militärgeschichte der DDR. Alle Flure und Räume sehen in der Bausubstanz so aus wie zu der Zeit, als hier die Nationale Volksarmee untergebracht war. Unterrichtsräume, Magazine, Einblicke in Soldaten- oder Offiziersstuben wurden original nachgestaltet. Der Stolz auf technische Errungenschaften im ehemaligen sozialistischen Land lässt unter heutigem Blick den Besucher schmunzeln oder nachdenklich werden.

Block 3 / Trakt 3
18609 Prora
Telefon: 038393/32696
www.kulturkunststatt.de

Öffnungszeiten:
April bis Juni, September, Oktober
täglich 10 bis 17 Uhr
Juli bis August
täglich 9 bis 19 Uhr
November bis März
täglich 10 bis 16 Uhr

Eintritt: 6,50 € / 3,50 €

Parken kostenpflichtig auf einem Großparkplatz

Binz

Haus des Gastes

Im Haus des Gastes sitzen Kurverwaltung und Touristinformation des Ostseebades. Doch auch eine gutsortierte Bibliothek mit Leseecke, ein Kinderspielzimmer, eine Galerie und ein öffentlicher Internetzugang befinden sich hier. Außerdem werden regelmäßig Veranstaltungen durchgeführt: Märchenstunde und Bastelwerkstatt für Kinder sowie Lesungen und Multimedia-Vorträge für die Erwachsenen.

Heinrich-Heine-Straße 7
18609 Ostseebad Binz
Telefon: 038393/148148
www.ostseebad-binz.de

Öffnungszeiten:
Februar bis Oktober
Mo bis Fr 9 bis 18 Uhr
Sa/So 10 bis 18 Uhr

November bis Januar
Mo bis Fr 9 bis 16 Uhr
Sa/So 10 bis 16 Uhr

Eintritt: frei

Parken kostenpflichtig im Ort oder hinter dem Haus

Glasbläserei

In dieser Werkstatt darf der Besucher selbst Hand anlegen und eine bunte Glaskugel fertigen. Unter Anleitung und mit etwas Geschick entsteht dieses Mitbringsel in einer guten Viertelstunde.

Eine der schönen Gründerzeitvillen auf der Binzer Kunstmeile ist die Hausadresse der kleinen Manufaktur. Verkaufs- und Handwerksraum gehen hier ineinander über. Bereits an der Tür leuchtet einem der Schmelzofen mit seiner roten Glut entgegen und lässt ahnen, dass 1330°C recht heiß sind.

Mit Schweißperlen auf der Stirn bearbeitet ein Glasbläser die Schmelze und lässt binnen weniger Minuten die unterschiedlichsten Formen entstehen.

An dem 1,60 Meter langen Eisenrohr hängt die Masse wie zäher Sirup, der durch Drehen, Blasen und Biegen unter der kundigen Hand des Meisters zu einem gläsernen Kunstwerk wird.

Schillerstraße 11
18609 Binz
Telefon: 038393/31495
www.glasbläserei-malente.de

Öffnungzeiten:
November bis März
Mo bis Fr 10 bis 13 und 14 bis 17 Uhr, Sa 10 bis 13 Uhr
April bis Oktober
Mo bis Sa 10 bis 13 und 14 bis 19 Uhr,
So 12 bis 18.30 Uhr

Glaskugel selbst fertigen: 12 €

Parken kostenpflichtig im Ort

Keramikatelier tonicum

Die Magaretenstraße von Binz entwickelt sich immer mehr zur Kunstmeile. Acht Ateliers haben sich hier angesiedelt. Einige laden zu kreativem Tun ein. In der Galeriewerkstatt tonicum steht im Verkaufsraum ein Brennofen für die Glasur von Tellern, Tassen oder auch Vogelhäusern. Besonders strapazierfähige Gebrauchskeramik entsteht hier durch sorgfältige Arbeit und durch eine hohe Brenntemperatur. Die in der Werkstatt geformten Futterhäuschen halten selbst tiefe Minusgrade aus. In der Galerie werden alle Gegenstände unter den Augen der Betrachter bemalt und verziert. Auch wenn das Drehen und erste Brennen der Tonware in einer Bergener Dependance erfolgt, so können im Gespräch mit der Künstlerin die Besonderheiten des Keramikhandwerks doch erfragt werden.

Es ist durchaus interessant zu erleben, mit welcher Ruhe und Zügigkeit der Farbauftrag und die Gestaltung der Dekore erfolgt.

Magaretenstraße 20
18609 Binz
Telefon: 038393/436312
www.tonicum-keramik.de

Öffnungszeiten:
täglich 10 bis 18 Uhr

Eintritt: frei

Parken kostenpflichtig im Ort

Der Kid's Club Binz

Dieser Klub bietet alles, was ein Kinderherz erfreuen kann. Kurzweil und Spaß für die ganz Kleinen und für die fitten und kreativen großen Kinder sind garantiert, liebevolle Betreuung inklusive. In vier ganz unterschiedlichen Tätigkeitsfeldern können die Kinder sich beschäftigen: im Sportbereich, im Kreativbereich, im Spielland oder im Kochstudio »Schlemmerzeit«-Appetito.

Alles befindet sich unter einem Dach und wurde für eine optimale Betreuung in vier Räume mit einer Gesamtfläche von gut 1200 Quadratmetern aufgeteilt: Das Waveboard steht neben Einrad und Kinderdart – attraktiv für die mutigen und geschickten Besucher. Im Kreativbereich kann von Drachenbau bis Legoland sich Kinderphantasie austoben, das Spielland spannt den Bogen vom Sackhüpfen bis zum kindgeschützten Internet. Das Kochstudio samt Restaurant steht auch den Eltern offen, um am Ende einer schönen Spielzeit etwas gemeinsam brutzeln.

Zeppelinstraße 7
18609 Binz
Telefon: 038393/50414
www.kids-club-binz.de

Öffnungszeiten:
täglich 8 bis 22 Uhr

Preise:
(Saison 2011)
Januar bis März, November, Dezember
3 € pro Stunde,
halbtags 17 €
April bis Juni, September, Oktober
3,90 pro Stunde,
halbtags 18 €
Juli, August
4,50 € pro Stunde,
halbtags 20 €

Parken kostenpflichtig im Ort

Museum Ostseebad Binz

Es dauerte nur kurze Zeit, bis aus dem verschlafenen Fischerdorf Binz ein mondäner Badeort wurde. So große Wandlungen vollziehen sich zuerst im Kleinen und kündigten sich zum Beispiel in der Gestaltung der Küchen an. Dominierten in diesen um 1860 noch rohe Möbel vor gekalkten Wänden, so sollte sich dies rasch ändern. Eine Generation später gab es nicht nur Farbe in der Küche, auch die Ausstattung wurde komfortabel.
Um 1876 baut Kapitän Potenberg das erste Hotel im Dorf, Potenbergs Dorfhotel, das heutige Haus Karin.
Mittlerweile hat Binz mehr als 5700 Einwohner und zahllose Urlaubsunterkünfte.

Die originalen Exponate des Museums trug ein Verein liebevoll zusammen. Sie zeigen, wie die Menschen bis in die 20er Jahre des 20. Jahrhunderts in Binz gelebt haben. Amüsant und anschaulich ist auch die umfangreiche historische Postkartensammlung.

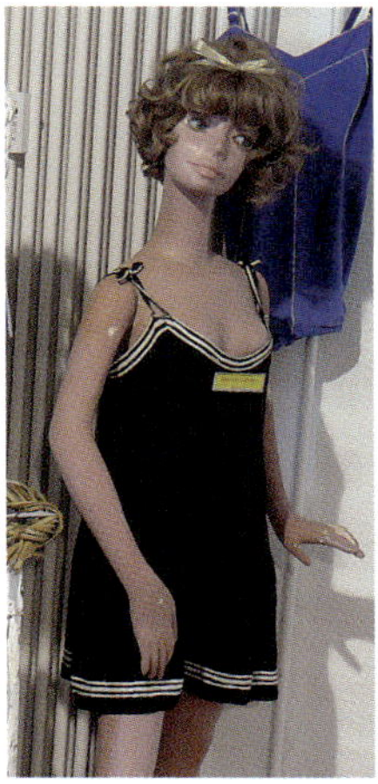

Bahnhofstraße 54
18609 Binz
Telefon: 038393/129793
www.museum-binz.de

Öffnungszeiten:
April bis Oktober
täglich 10 bis 17 Uhr
November bis März
Di bis So 10 bis 16 Uhr

Eintritt: 3 € / 2 €

Parken kostenlos
am Kleinbahnhof

Galerie New Creation II

Auch in einer Goldschmiede steht ein kleiner Ambos, kommen Feile und Säge zum Einsatz, um beispielsweise Silber oder Gold für einen Reifen in die Grundform zu bringen. In Binz wird vor allem mit Silber gearbeitet; wenn es etwas mehr kosten darf, kommt Gold zum Einsatz.

Hinter der Kasse und durchaus aus nächster Nähe zu sehen, arbeiten die Goldschmiede Nico Farell und Veronika Bruder handgefertigte Unikate. Dabei verwenden die Künstler auf Wunsch sogar selbst gefundenen Bernstein. Zu beobachten, wie das besondere Strandgut eine schmückende Fassung erhält, ist von ganz besonderem Reiz. Der Meister bietet aber auch in seiner Heimwerkstatt in Güstelitz bei Puttbus Goldschmiedekurse an. Dort darf jeder seinen eigenen Ring schmieden. Wer mehr als vier Stunden investieren möchte, kann sich für ein Wochenendseminar anmelden.

Magaretenstraße 20
18609 Binz
Telefon: 038393/137803
www.n-creations.de

Öffnungszeiten:
täglich 10 bis 18 Uhr

Ring fertigen (4 Stunden)
23 € die Stunde plus Material

Parken kostenpflichtig im Ort

Jagdschloss Granitz

Dieses einzig erhaltene Schloss der Fürsten zu Putbus grüßt mit seinem hohen Mittelturm weit über die Insel. Die Spitze des Turms erhebt sich 144 Meter über den Meeresspiegel. Der klassizistische Schlossbau entstand zwischen 1837 und 1851 nach Plänen von Johann Gottfried Steinmeyer. Der Turm hingegen trägt die typische Schinkelhandschrift, nach einer Idee des preußischen Kronprinzen Friedrich Wilhelm IV. Mit Ende des Zweiten Weltkrieges wurde fast alles aus dem repräsentativen Bau weggetragen. Dennoch atmen die Räume den Hauch der vergangenen Zeit.

Rotwildtrophäen im Eingangsbereich, Wandtäfelungen, Öfen, einige Möbel und historisch nachempfundene Tapeten geben einen Eindruck davon, dass sich hier nicht nur vorpommersche Herrschaften gern aufhielten. Die Ausstellung in den Räumen ist dem Schlossherrn und den Erbauern gewidmet. Phänomenal gestaltet sich der Aufstieg zur Aussichtsplattform über die selbsttragende Wendeltreppe aus Gusseisen mit einem einzigartigen Finale: Oben angekommen überrascht ein unglaublicher Rundblick über Rügen.

18609 Binz
Telefon: 038393/663816
www.mv-schloesser.de

Öffnungszeiten:
Mai bis September
täglich von 9 bis 18 Uhr
Oktober und April
täglich 10 bis 16 Uhr
November bis März
Di bis So 10 bis 16 Uhr

Eintritt: 3 €
1,50 € (6 bis 14 J.)

Parken:
Binz-Ost, Zubringer Jagdschlossexpress

Sellin

Töpferei Rike Waskewitz

Das große und helle Atelier wird dominiert durch die Töpferscheibe der Künstlerin. Fast täglich ist sie bei ihrer Arbeit zu beobachten. Mit geschmeidigen Bewegungen entstehen Tassen, Schüsseln und andere Gefäße.
Wie weich und biegsam der Ton ist, kann man bei einem Besuch leicht erkennen. Wenn die gedrehte rohe Keramik zum Trocknen von der Töpferscheibe genommen wird, muss sie vorsichtiger als ein rohes Ei behandelt werden. Zu den bevorzugten Farben dieses Ateliers zählt ein grün-blauer Ton, der das aufgewühlte Seewasser genauso widerspiegelt wie einen wolkenverhangenen Regentag. Die Töpferkurse (Anmeldung erforderlich) finden nicht im Juni und Juli statt.

Mönchguter Straße 5 a
18586 Sellin
Telefon: 0152/03422628

Öffnungszeiten:
Mai, August bis Oktober
täglich 10 bis 18 Uhr
November, Dezember,
Februar bis April
Mo bis Fr 11 bis 18 Uhr
Januar geschlossen
Juni, Juli 10 bis 21 Uhr

Kurse nur außerhalb der Saison (Anmeldung erforderlich)
1 Stunde 40 €

Parken kostenlos
auf dem Edeka-Parkplatz

Schwimmbad Inselparadies

Wohlige Wärme tanken, sich den Rücken massieren lassen und dabei noch die Kinder beaufsichtigen, das geht alles gleichzeitig und ganz ohne Stress. In der vielfältigen Badelandschaft von Sellin sorgen Unterwassergeysire, Sprudelliegen oder ein Strömungskanal für Entspannung und Wohlbefinden. Im 30 Grad warmen Wasser bieten bunte Schwimmreifen abwechslungsreiche Spielaugenblicke. Wer es frischer liebt, taucht schnell ab und im Außenbecken wieder auf. Liegewiese samt Strandkörben laden hier ein, das Wasser einmal kurz zu verlassen.

Mehrere Kinderplanschbecken mit unterschiedlichen Spielgeräten warten auf die jüngsten Besucher. Die etwas Älteren können in der 140 Meter langen Rutsche bei bunten Lichtreflexen einen eigenen Geschwindigkeitsrekord aufstellen.

Schillerstraße 11
18586 Sellin
Telefon: 038303 / 1230
www.inselparadies.de

Öffnungszeiten:
Mai bis Oktober
täglich 9 bis 22 Uhr
November bis April
täglich 10 bis 22 Uhr

Eintritt:
Erwachsene 8 € (2 Stunden)
Kinder 99 cm bis 14 Jahre 5 € (2 Stunden)
Kinder bis 99 cm frei

Parken kostenpflichtig am Eingang

Sellin

Bernsteinmuseum

Die pfiffige Idee des Juweliers Jürgen Kintzel erfreut sich bei vielen Gästen großer Beliebtheit. Der kleine Ausstellungsraum ist thematisch aufbereitet und erzählt in kurzer sowie einprägsamer Art und Weise die Geschichte des Bernsteins. Mehrere Vitrinen und reichliches Bildmaterial geben einen Einblick in die Erdhistorie – und eben die des Bernsteins. Gern gehört werden die Vorträge, die abwechslungsreich zwischen Gespräch und Referat wechseln und den Gast viele kleine wissenswerte Details zu dem Gold des Meeres verraten. Ambra, so nennt man Bernstein im arabischen Raum. Dort hält sich die Vorstellung, es wären Tränen des Pottwals. Griechisch heißt Bernstein »electron«, dies deutet auf seine elektrische Ladefähigkeit hin, wenn er auf Wolle gerieben wird.

Auch der größte auf Rügen gefundene Bernstein ist hier zu bewundern. Er wurde übrigens nicht an den Strand gespült, sondern war ein Feldfund.

Granitzer Straße 35
18586 Sellin
Telefon: 038303/87279
www.bernsteinmuseum-sellin.de

Öffnungszeiten:
Mo bis Fr 10 bis 12 und 14 bis 17 Uhr
Sa 10 bis 12 Uhr

Eintritt: 1,50 €/0,50 €

Parken kostenpflichtig im Ort

Tauchgondel

Unter Wasser ist es still und ruhig. Das wissen auch die Fische und tauchen bei stürmischer See einfach weiter ab. Urlauber, die trockenen Fußes dieses Vergnügen ebenfalls erleben möchten, kommen bei einem Tauchgang mit diesem besonderen Gerät auf ihre Kosten. Einen Meter über dem Meeresboden stoppt die Gondel und verweilt dort 35 Minuten. Genug Zeit für einen Blick aus den großen Bullaugen, denn vielleicht verirrt sich ja ein Fisch hierher oder es schwebt eine Qualle vorbei. Diese Tiere haben eine besondere Aufgabe: Sie reinigen als Planktonfresser das Wasser.

Während des Tauchganges erklärt ein Mitarbeiter die Besonderheiten des Lebensraumes Ostsee, seine Schutzgebiete, die Tier- und Pflanzenwelt. Einen Meter über dem Grund angekommen, ermöglicht ein 3D-Film eine einzigartige kleine Reise durch das graugrüne Meer.

Wilhelmstraße 25
18586 Sellin
Telefon: 038303/92777
www.tauchgondel.de

Öffnungszeiten:
Juni bis August
10 bis 21 Uhr
Mai, September, Oktober
10 bis 18 Uhr
November bis April
11 bis 16 Uhr
(Mo, Di außerhalb der Ferien geschlossen)

Eintritt: 8 € / 5 €

Parken kostenpflichtig im Ort

Museum Seefahrerhaus

Seefahrersehnsucht aus der Nähe betrachtet stellt sich etwas anders dar, als man es als Landratte wahrscheinlich vermutet. Ein Leben lang sammelte der Selliner Gerhard Parchow Dinge, die seine Landsleute von ihren Seereisen heimbrachten. Von der mühsam zusammengehaltenen Heuer konnte man sich nicht allzu viel leisten, sparte man im Grunde doch auf ein eigenes Schiff. Ein Krug, ein Kakaotopf, eine Kapitänstasse, sogenannte Kaminhunde und vieles mehr sind im Seefahrerhaus zu sehen. Vor allem englisches Porzellan in unterschiedlichen Ausführungen ist in den Vitrinen ausgestellt. Die persönliche Geschichte jedes Ausstellungsstückes wird ganz modern in einer Bildschirmpräsentation erzählt. Maritimes, Bilder, nautische Hilfsmittel oder eine echte Seekiste – die gezeigten Objekte sind zum Teil jahrhundertealt. In der oberen Etage werden Stein- und Fossiliensammler auf ihre Kosten kommen.

Seestraße 17 b
18586 Sellin
Telefon: 038303 / 371105
www.ostseebad-sellin.de

Öffnungszeiten:
Di, Sa 12.30 bis 17.30 Uhr
Mi, Fr, So 10 bis 17.30 Uhr
Do 10 bis 13.30 Uhr

Eintritt: frei

Parken kostenlos am Haus

Göhren

Göhren

Mönchguter Museen

Der Göhrener Kapitänstochter und Lehrerin Ruth Bahls (1909–1994) ist es zu verdanken, dass das Mönchgut heute mit acht Museen aufwarten kann. Sie sammelte und rettete ihr Leben lang alles, was den Lebensinhalt der Mönchguter Altvorderen ausmachte, und gründete die verschiedenen Standorte der Museen. Alle sind in denkmalgeschützten Gebäuden mit langer Geschichte untergebracht. Regelmäßig gibt es Handwerkertage, Märkte und Backtage und natürlich sind Führungen möglich. Jeden Freitag ist Museums-Entdeckertour und bei Kindern besonders beliebt ist ein Quiz, das durch mehrere der Museen führt.

Einzel-Eintritt pro Standort 3 €
(mit Kurkarte 2,50 €)
Tageskarte alle Standorte 8 €
Familie 15 €

Parken jeweils kostenpflichtig im Ort

Museumshof

Der älteste und größte Museumshof auf Rügen besteht aus einem Gebäude-Ensemble: mit Wohnhaus, Stall und Schweinestall. Zahlreiche Kutschen und häusliche sowie landwirtschaftliche Gerätschaften zeugen vom Arbeitsalltag der Mönchguter Bauern und Handwerker vor mehr als 100 Jahren. Sogar eine Handdruckspritze der um 1900 gegründeten Feuerwehr ist dabei.

Strandstraße 4
18586 Ostseebad Göhren
Telefon: 038308/2175
www.moenchguter-museen-ruegen.de

Öffnungszeiten:
Juli, August
täglich 10 bis 18 Uhr
September bis Mitte Oktober,
Mitte April bis Juni
täglich 10 bis 17 Uhr
Im Winter kürzere Öffnungszeiten

Heimatmuseum

Das rohrgedeckte Gebäude aus der Mitte des 19. Jahrhunderts war Bauern-, Fischer- und Lotsenhaus. Die ausgestellten Funde reichen von der frühzeitlichen Besiedlung des Mönchguts bis zur Entwicklung Göhrens als Ostseebad. Man sieht, wie die Fischer wohnten, was die Seeleute von ihren langen Reisen mitbrachten und welche typischen Trachten die Mönchguter auf ihren Festen trugen. Außerdem bietet das Heimatmuseum auch Raum für Sonderausstellungen.

Strandstraße 1
18586 Ostseebad Göhren
Telefon: 038308/25627
www.moenchguter-museen-ruegen.de

Öffnungszeiten:
Juli, August
täglich 10 bis 18 Uhr
September bis Mitte Oktober,
Mitte April bis Juni
täglich 10 bis 17 Uhr
Im Winter kürzere Öffnungszeiten

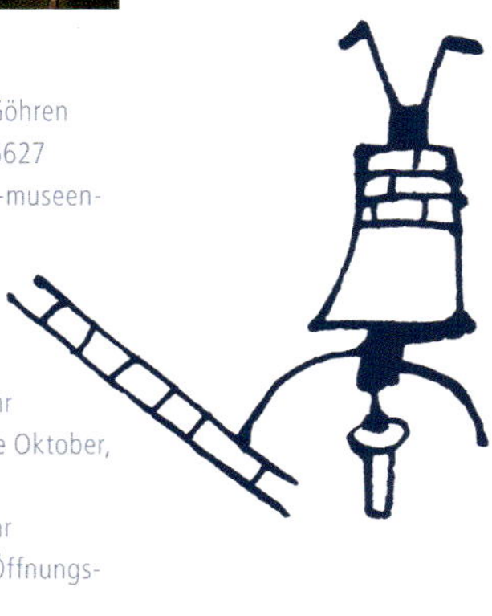

Göhren

Rookhus

Das Rookhus ist ein kleines Fachwerkhaus von 1720 und das letzte erhalten gebliebene Rauchhaus Rügens. Das Besondere: Es hat keinen Schornstein. Der Rauch der offenen Herdstelle zog nur durch die Diele und Öffnungen im Dachfirst ab. Die Tagelöhner und Fischer lebten in einem solchen Bau sehr einfach: Gleich neben dem Wohnraum der Familie war das Vieh untergebracht.

Thiessower Straße 7
18586 Ostseebad Göhren
Telefon: 038308/2175
www.moenchguter-museen-ruegen.de

Öffnungszeiten:
Mitte April bis Mitte Oktober
täglich 14 bis 17 Uhr
Im Winter geschlossen

Middelhagen

Schulmuseum

Hier werden mehr als 150 Jahre Schulgeschichte lebendig. In der früheren Einklassenschule im Küsterhaus wurde bis 1946 der Stoff von Klasse 1 bis 8 gepaukt. Die Kinder saßen in schmalen Holzbänken und schrieben mit Griffeln auf Schiefertafeln. Alles ist noch so eingerichtet, als würde der Unterricht sogleich beginnen. Und wirklich wird jeden Mittwoch um 10 Uhr (im Sommer zusätzlich dienstags) eine historische Schulstunde abgehalten. Für die Kinder ist das ungewohnte Schreiben in alter Schönschrift ungeheuer interessant und bei der älteren Generation kommen Kindheitserinnerungen auf. Allerdings: So spaßig wie heute hier ging es früher mit Sicherheit nicht zu.

Neben dem Unterrichtsraum ist die Wohnung des Dorfschullehrers mit Stube, Schlafzimmer und großer Küche zu besichtigen. Letztere war notwendig, weil zur Winterszeit oft auch Kinder der Nachbardörfer mit verpflegt werden mussten.

Dorfstraße 1
18586 Middelhagen
Telefon: 038308/2478
www.moenchguter-museen-ruegen.de

Öffnungszeiten:
April und Oktober
Di bis So 10 bis 15 Uhr
Mai und September
täglich 10 bis 16 Uhr
Juni bis August
täglich 10 bis 17 Uhr

Eintritt: 3 € / 2 €
für die historische Schulstunde zusätzlich 2 € / 1 €

Parken kostenlos vor der Kurverwaltung, Dorfstraße 4

Alt Reddewitz

Hofbrennerei »Zur Strandburg«

Schon Karl Kliesow hat das Haus von 1910 bis 1919 als Hotel bewirtschaftet. Heute ist Urenkel Thomas Kliesow am Ruder. Aus einer anfänglichen Schnapsidee entstand zunächst eine große Baustelle. 2006 wurde dann die alte Strandburg als Brennerei wiedereröffnet. Bis zu 25 Tonnen Obst verarbeiten die Kliesows nun jedes Jahr, so viel wie möglich davon aus der Region. Alles wird frisch verarbeitet, ohne jede Chemie. Und nach 6 bis 10 Wochen Gärzeit wird gebrannt. Die Obstbrände und Liköre haben dann so schöne Namen wie »Mönchguter Plüschappel Kööm« (Pfirsichlikör), »Pickendüster Kräuter Kömm« oder »Ralunkentrunk«.

Etwas wirklich Besonderes ist das Whisky-Brennen. Der »Pommersche Greif« wird nach einem Hausrezept mit 4 Sorten Malz gebrannt. Und wer sich für die Herstellung interessiert, kann sich zu einer 45-minütigen Brennereiführung oder einem richtigen »Schwarzbrenner-seminar« anmelden.

Mönchguter Hofbrennerei
»Zur Strandburg«
Alt Reddevitz Nr. 36 (Hövt)
18586 Middelhagen
Telefon: 038308 / 34105
www.hofbrennerei-strandburg.de

Öffnungszeiten:
April bis Oktober
10 Uhr bis 18 Uhr
November bis März
11 Uhr bis 16 Uhr
über Weihnachten
geschlossen

Eintritt: frei
Kostenlose Brennereiführung
jeden Mittwoch 15 oder 16 Uhr

Parken kostenlos vorm Haus

Groß Zicker

Pfarrwitwenhaus

Bis 1719 war es Sitte, dass ein neu eingesetzter Pfarrer die Witwe seines Vorgängers heiraten musste, um die sonst mittellose Frau sozial abzusichern. Das ging so lange gut, bis man einen bereits verheirateten Pfarrer ins Amt berief. Dann wurde das Pfarrwitwenhaus notwendig. Heute ist das in Groß Zicker eines der ältesten Wohnhäuser Rügens – gebaut aus Holz und Lehm als niederdeutsches Hallenhaus. Am größten ist die Wirtschaftsdiele, ein nach oben hin offener Raum. Der war notwendig, da hier u.a. das Korn gedroschen wurde. Bei festlichen Gelegenheiten konnte hier aber auch zum Tanz aufgespielt werden.

Was heute etwas seltsam anmutet: Der Hühnerstall lag mit im Gebäude. Später war das Pfarrwitwenhaus kurzzeitig Schule, dann Mietshaus. Ab den 50-er Jahren des letzten Jahrhunderts wurde die Gute Stube nebst einer Kammer an Sommergäste vermietet.

Boddenstraße 35
18586 Groß Zicker

Kontakt über das Pfarramt
Boddenstraße 21
18586 Groß Zicker
Telefon: 038308/8248
www.moenchguter-museen-ruegen.de
www.kirche-auf-moenchgut.de

Öffnungszeiten:
Ostern bis Mai und September, Oktober
Mo bis Sa 10 Uhr bis 17 Uhr
So 13 bis 17 Uhr
Juli und August
Mo bis Sa 10 Uhr bis 18 Uhr
So 13 bis 18 Uhr
November bis Ostern geschlossen

Eintritt: 2 € / 1,50 €
(Ermäßigung mit Kurkarte)

Parken kostenpflichtig an der Kirche (ca. 5 min Fußweg)

Kleine Wetterkunde Nord-Rügen

von Stefan Kreibohm, meteomedia Wetterstudio Hiddensee

Während der Süden der Insel Rügen noch ans Festland angekuschelt ist, ragt der Norden schon ganz schön weit in die Ostsee hinein. Entsprechend gibt es dort auch viel mehr kühlere Seeluft. Und über der kalten Ostsee findet sich im Frühjahr keine warme Luft, die aufsteigen könnte. Entsprechend können auch keine Quellwolken entstehen.
Bei Südwestwind ist es darum sonniger als im Süden der Insel, weil den Norden auch vom Festland keine Wolken erreichen.
Gleichzeitig ist es hier aber kühler, zumindest im Frühjahr und Sommer.

Sassnitz

Schmetterlingspark

Schmetterlinge wirken zart. Dennoch sind sie zähe Geschöpfe. Sie bewohnen seit ca. 135 Millionen Jahren unsere Erde und gehören damit zu den jüngeren Insektenarten. Nur Flöhe und Termiten sind jünger. Von den weltweit 160.000 Schmetterlingsarten zeigt Saßnitz ca. 40.

In geräuschlosem, taumelndem Flug schweben die farbenfrohen Falter zwischen den tropischen Pflanzen herum. Sie tragen so klangvolle Namen wie Nordamerikanischer Schwalbenschwanz oder Weiße Baumnymphe.

Die riesigen Flügel des Altas-Seidenspinners schillern voller bunter und brauner Schuppen. Er sitzt als nachtaktives Insekt meist ruhig irgendwo an der Wand und lässt sich bequem fotografieren.

Damit der Fotoapparat sich schneller an die tropischen Temperaturen anpasst und nicht beschlägt, liegt an der Kasse ein Fön bereit.

Schmetterlingspark alaris
Straße der Jugend 6
18546 Sassnitz
Telefon: 038392/66442
www.alaris-schmetterlings-park.de

Öffnungszeiten:
April bis Oktober
täglich 9.30 bis 17.30 Uhr
November 10 bis 16.30 Uhr

Eintritt:
Erwachsene 6,90 €
Jugendliche 4,50 €
Kinder 3,50 €
Familienkarte (2 Erwachsene und 2 Kinder) 17,50 €

Parken kostenlos am Haus

Fischerei- und Hafenmuseum

Das kleine Hafenmuseum eroberte sich vor allem in den Herzen der Sassnitzer einen festen Platz. Die liebevolle Dokumentation der Stadtgeschichte, die eng mit der Seewirtschaft verbunden ist, lässt sich in zahllosen ausgestellten Gegenständen erkennen.
Zu den interessanten Zeitdokumenten gehören u.a. Fischereiberechtigungen von 1890, Dokumente zum internationalen Passagierfrachtdienst von 1871 und Arbeitsgeräte der Fischer, wie sie vor 150 Jahren und zum Teil auch heute noch benutzt werden. Schmuckstück ist der originale Hochseekutter »Havel«, der vertäut am gegenüberliegenden Kai besucht werden kann. Dem Bau der Eisenbahnfähre nach Trelleborg, die Arbeit beim Volkseigenen Betrieb (VEB) Fischfang Sassnitz und die Geschichte des Bäderwesens – vielschichtig maritim präsentiert sich das historische Sassnitz.
Da alles in mehreren kleinen Räumen ausgestellt ist und ein museales Konzept erst erarbeitet wird, braucht der Besucher Zeit, sich in den Themenbereichen zu orientieren.

Im Stadthafen
18546 Sassnitz
Telefon: 038392/57846
www.hafenmuseum.de

Öffnungszeiten:
April bis Oktober
täglich 10 bis 18 Uhr
November bis März
Di bis So 10 bis 17 Uhr

Eintritt:
4 € / 2 €
Familienkarte
(2 Erw.+ 2 Kinder) 10 €

Parken kostenpflichtig auf dem Hafengelände
(Parkkarte im Museum)

U-Boot H.M.S. OTUS

Dieses U-Boot leistete 28 Jahre seinen Dienst in der Royal Navy der britischen Marine.
Es war unter anderem 1982 beim Falkland-konflikt auf der Südhalbkugel im Einsatz.
Mit einer Tauchtiefe von 300 Metern und einer 68-köpfigen Besatzung gehörte es zu den mittelgroßen Kriegsgeräten.
Nachdem es 1991 außer Dienst gestellt wurde, brachten zwei Schlepper den stählernen Koloss von Portsmouth nach Sassnitz.
Die drei Kürzel im Namen stehen für »Her Majesty's Submarine«, was sich mit »Ihrer Majestät Unterseeboot« übersetzen lässt.
Wer auf diesem Museumsschiff an Bord geht, sollte keine Platzangst haben. Fachleute versichern hingegen, dieses U-Boot sei geräumig.

Die originale Inneneinrichtung ist gut erhalten, nicht nur technikinteressierte Besucher werden beeindruckt sein.
Ein Blick durch das Seerohr zeigt den Hafen von Sassnitz aus einer anderen Perspektive.

Hafenstraße 12
18546 Sassnitz
Telefon: 038392/31516
www.hms-otus.com

Öffnungszeiten:
Mai bis September
täglich 10 bis 19 Uhr
Oktober bis April
täglich 10 bis 16 Uhr

Eintritt:
6 € / 3 € (4 bis 14 J.)
Familienkarte
(2 Erw.+1 Kind) 14 €

Parken kostenpflichtig
auf dem Hafengelände

Glasbahnhof

An historischer Stelle, nämlich im ehemaligen Terminal der Fährverbindung nach Schweden, entstand anlässlich des Jubiläums die Sonderausstellung »100 Jahre Königslinie Sassnitz–Trelleborg«: Am 6. Juli 1909 wurde die Eisenbahnfährverbindung durch den damaligen schwedischen König Gustav V. und den deutschen Kaiser Wilhelm II. feierlich eröffnet. Die Geschichte der Königslinie können Reisende nun mehr als 100 Jahre später bestaunen. Filme, Poster, fotografische Zeitdokumente und einige weitere Ausstellungsstücke geben einen kleinen Eindruck der Historie wieder.

100 Jahre Königslinie Sassnitz–Trelleborg
Im Stadthafen
18546 Sassnitz
Telefon: 038392/33447 (Verein)
www.scandlines.de/konigslinie/100-jahre-konigslinie

Öffnungszeiten:
täglich 10 bis 17 Uhr

Eintritt:
1,50 €
Kinder unter 100 cm frei

Parken kostenpflichtig auf dem Hafengelände

Sassnitz

Töpferei am Hafen

Im geräumigen Speisesaal des ehemaligen Fischkombinats direkt im Stadthafen von Sassnitz ist heute eine Töpferei beheimatet. 1997 hat Keramikmeisterin Edith Memmel Werkstatt und Laden eingerichtet und den mit großer Wahrscheinlichkeit einzigen hängenden Brennofen Deutschlands in Betrieb genommen. Die Bodenkonstruktion schien für den 2 Tonnen schweren Ofen zu unsicher. Heute wechselt sich Edith Memmel alle 14 Tage mit Keramikmeisterin Sabine Beckert im Betrieb ab. In der zum Verkaufsraum offenen Werkstatt entstehen maritime Gebrauchskeramik und Kochgeschirr, aber auch Kleinplastiken, Brunnenfiguren, Dachreiter sowie Kacheln und Fliesen auf Bestellung. Bei direktem Blick auf den Hafen kann die neue Lieblingstasse übrigens gleich mit Kaffee gefüllt und ausprobiert werden.

Am Hafen 12i
18546 Sassnitz
Telefon: 038392/50309
www.toepferei-am-hafen.de

Öffnungszeiten:
Montag bis Samstag
10 Uhr bis 18 Uhr
Sonntag 12 Uhr bis 18 Uhr
Dezember, Januar und Februar meist geschlossen
mehrmals im Jahr Ausstellungen mit Vernissage

Parken kostenpflichtig vor dem Haus

Wunderkammer Rügen

Direkt im Stadthafen Sassnitz findet man Irena Schallers Wunderkammer. Sie selbst fertigt in der dahinter liegenden Werkstatt Phantasievolles aus Papiermaché und Strandgut. Märchenhafte Figuren, Fische und Schiffe, Collagen. Von Zeit zu Zeit wird das Atelier für Veranstaltungen genutzt.

Im Verkaufsraum finden sich neben den eigenen Arbeiten jede Menge Werke befreundeter Künstler: Malereien, Grafiken, Skulpturen, Schmuck, Keramik und Glas – meist ebenfalls von der Insel oder aus Berlin.

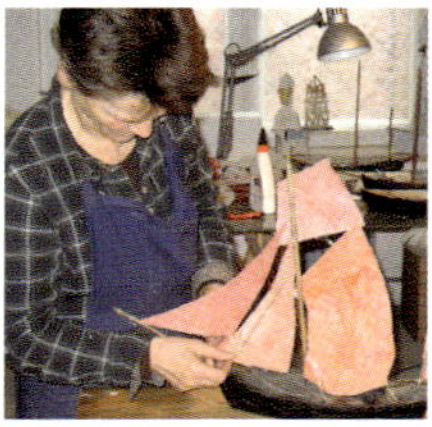

Wunderkammer Rügen
Irena Schaller
Hafenstraße 12, Haus B
18546 Sassnitz
Telefon: 038392/634231
0173/8733524
www.ruegen.kunst-hand-werk.info/Galerien/die-wunderkammer-ruegen-sassnitz

Öffnungszeiten:
Mai bis Oktober
Do bis Sa 11 bis 17 Uhr
und nach Vereinbarung oder bei offener Tür

Parken kostenpflichtig auf dem Hafengelände

Sassnitz

Töpferkurse im Grundtvighaus

Der Sonnenschein in der Seele von Dörte Päplow strahlt auch auf die Kreativität der Kursteilnehmer aus. Ruhig, aber bestimmt, erklärt sie allen kleinen und großen Gästen den fachgerechten Umgang mit Ton. Gemeinsam formen die Besucher Figuren oder irdene Gefäße, ohne die Drehscheibe zu benutzen.

Mit der Daumenschalen-, der Platten- oder der Aufbautechnik entstehen zumindest bei der Meisterin rasch Schildkröte, Würfel oder Schale. In den Regalen stapeln sich vielfältige Ideen unterschiedlicher keramischer Gebrauchsobjekte und inspirieren so das eigene Werk. Nach zwei Stunden stellt Dörte Päplow die geschaffenen Schätze zum Brennen in den Ofen. Zwei Tage später kann jeder sein kleines selbstgestaltetes Kunstwerk abholen.

Töpfern im Grundtvighaus
Seestraße 3
18546 Sassnitz
Telefon: 038392/57775
www.gundtvighaus-sassnitz.de

Öffnungszeiten:
Mo bis Fr 9 bis 18 Uhr
Töpferkurs Mi 15 bis 18 Uhr
(ohne Anmeldung)

Eintritt: Kurs 4 €

Parken kostenpflichtig

Silberschmiede am Altstadtmarkt

Sie selbst nennt es Maßarbeit mit Köpfchen, Hammer und Feile. Und tatsächlich wird hier in der Silberschmiede von Katrin Stulz sehr filigran gearbeitet, aber auch kräftig gehämmert. Besucher stehen mitten in der Werkstatt, dürfen zusehen, wie gefädelt, verschmolzen und geschmiedet wird. Dazwischen finden sich in Vitrinen und Regalen auf zwei Etagen die fertigen Objekte – Schmuck, aber auch kunstvolle Schalen. Immer montags ist auch Nele Kühn vor Ort. Sie fertigt aus Wolle und Stoffen Kinderbekleidung, Taschen, Filzmützen und -stulpen. Die dritte im Bunde ist Gudrun Friedrich, deren Porzellan ebenfalls hier verkauft wird – frei gedrehte und Aufbaukeramik in klaren Formen, zart, fast durchscheinend, mit Einlegearbeiten und Aquarellmalerei versehen.

Katrin Stulz
Böttcherstraße 5
18546 Sassnitz
Telefon: 0170/6853666
www.ruegen.kunst-hand-werk.info/Silber
www.akkordglueck.de
www.friedrich-auf-ruegen.de

Öffnungszeiten:
Mo bis Sa 11 bis 17 Uhr und nach Vereinbarung
montags immer Akkordglück von Nele Kühn

Parken kostenpflichtig in der Straße oder im Hafen

Sassnitz

Bernstein-Werkstatt

Ingo Alexander ist der Faszination vom Gold des Meeres schon als Kind erlegen, liebt die Streifzüge an der See und den Traum vom ganz großen Bernsteinfund. Heute hat der Diplom-Geologe seinen eigenen Laden. Direkt hinterm Verkaufstresen ist die Werkstatt, so dass die Besucher nicht nur Bernstein, versteinerte Seeigel und andere Fossilien im Auge haben, sondern auch den Chef bei der Arbeit. Er verwendet ausschließlich Naturbernstein, so manchen davon auch selbst gefunden. Neben schlicht geschliffenen Stücken hat er originelle Bernstein-Holz-Kombinationen sowie auch Schmuck vom Silberschmied im Angebot. Außerdem bestimmt er für die Urlauber auch gern deren Strandfunde und fertigt daraus individuelle Erinnerungsstücke.

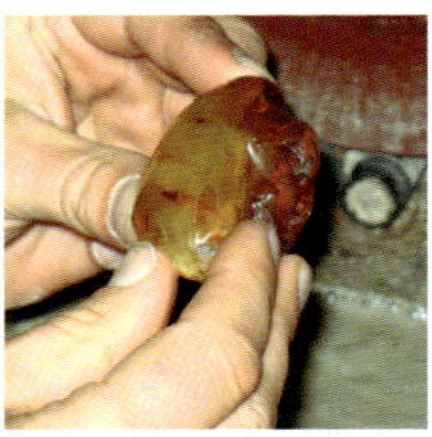

Bernstein-Werkstatt Sassnitz
Ingo Alexander
Bachpromenade 3
18546 Sassnitz
Telefon: 038392/66067
www.bernstein-werkstatt-sassnitz.de

Öffnungszeiten:
April bis Oktober
Mo, Di 11 bis 15 Uhr und
Mi bis Sa 11 bis 18 Uhr
im Winter auf gut Glück oder nach Vereinbarung, da Ingo Alexander oft auf Fossilien- und Bernsteinsuche ist

Parken kostenpflichtig in der Straße oder im Hafen

Einblick – Offenes Atelier

Im Sommer 2010 bezog Ulrike Müller die Räume im historischen Stadtteil von Sassnitz. Die Kölner Malerin beschloss nach einem Urlaub auf Rügen, hierher zu ziehen, um auf der Insel zu leben und zu wirken. Unter den Jugendlichen des Ortes erwarb sie sich schnell einen guten Ruf. Kein Wunder, denn Ulrike Müller arbeitet regelmäßig mit Publikum. Besucher aller Altersgruppen versammeln sich dann um den großen weißen Tisch.
Einfach und einprägsam, ohne dabei die Phantasie der Gäste zu behindern, erklärt die Künstlerin das Geheimnis der Farben.

Inselseifen

Sie wirken alle ganz unterschiedlich auf dem weißen Untergrund. Viel diskutierte Fragen, warum beispielsweise Gemaltes meist anders aussieht, als es in natura wahrgenommen wird, werden beantwortet, desgleichen kann man beobachten, dass Farben klarer wirken, je weniger sie gemischt werden.
Wer eine schöpferische Pause einlegen möchte, bekommt einen Espresso, den Kindern bietet die Künstlerin Früchtetee oder Kakao an.

Bachpromenade 3
18546 Sassnitz
Telefon: 0176/40196510
www.offenesatelier-einblick.de

Öffnungszeiten:
Mo bis Fr 15 Uhr
(ohne Anmeldung)

Preise:
Kurs 1 Stunde 12 €
Kurs 3 Stunden 23 €

Parken kostenpflichtig in der Straße oder im Hafen

Die Idee, Naturseifen selbst herzustellen, hat sie aus dem Urlaub mitgebracht: 2007 eröffnete Anke Brüdgam die erste Seifensiederei auf Rügen. Pflanzliche Öle versiedet sie nach eigenen Rezepten mit pflegenden Bestandteilen wie Sahne, Honig, Milch und ätherischen Ölen. Alle Rezepturen sind zuvor auf Unbedenklichkeit geprüft worden. So verkauft sie nun neben so klangvollen Kompositionen wie Kreidelavendel oder Inselgold (mit echtem Bernstein) auch Seifenschalen, Massagebutter, Badetrüffel oder Duftlampenöle.
Dass alle Seifen in aufwendiger Handarbeit entstehen, können die Besucher bei einem Blick in die winzige Werkstatt hinter dem Laden feststellen. Von der Tür aus dürfen sie gern zusehen, wie Anke Brüdgam Seifenlauge in Formen gießt oder fertige Stücke schneidet. Man kann sich sogar seine ganz eigene Seife kreieren lassen.

Anke Brüdgam
Hauptstraße 19
18546 Sassnitz
Telefon: 038392/675500

Öffnungszeiten:
Mo bis Fr 10 bis 18 Uhr
Sa 10 bis 12 Uhr
So siedefrei

Parken kostenpflichtig in der Straße

Stubbenkammer

Nationalpark-Zentrum KÖNIGSSTUHL

Vom Parkplatz in Hagen pendelt ein Bus zum Nationalpark-Zentrum, so dass man rund eine ¾ Stunde Fußweg sparen kann.
Die Erlebnisausstellung am Königsstuhl bietet sowohl für Kinder als auch Erwachsene jede Menge Unterhaltung und gleichzeitig Wissenswertes über den kleinsten Nationalpark Deutschlands und das UNESCO-Weltnaturerbe »Alte Buchenwälder«.
Die Besucher können mit vier verschiedenen Audio-Touren (darunter eine speziell für Kinder) auf Expedition gehen.
Eine Zeitreise vermittelt Fakten, viel darf angefasst und ausprobiert werden.
Wie fühlt man sich unter einem autoschweren Findling? Wie fasst sich ein Gletscher an? Welches ist das größte Lebewesen der Erde? Und wie sieht ein Dachsbau von innen aus? Zudem sind ein echtes Mäusenest unter der Erde und die Kunstfertigkeit der Spinne zu bewundern. Für jeden ist etwas dabei, selbst für die Hungrigen. Das Bistro bietet frisch zubereitete Biokost aus der Region.

Keramikatelier Hilliges & Panken

Hier dürfen die Keramik-Objekte ruhig auch mal etwas größer sein. Bauchige Fische zum Beispiel oder detailfreudige Fischerboote. Claudia Hilliges gestaltet schmückende Skulpturen, keine Gebrauchskeramik. Kunstvoll gearbeitete Seifendosen und Schalen oder originelle Knöpfe sind aber doch dabei. Karel Panken stellt seine Objekte meist in Rauch- und Rakubrand her. Alle diese Werke sind in einer kleinen Ausstellung zu sehen. Gleich nebenan befindet sich das Atelier, wo man den Künstlern mit ein bischen Glück bei der Arbeit zusehen kann. In der Nebensaison sind auf Wunsch auch Keramikkurse möglich.

Stubbenkammer 2
18546 Sassnitz
Telefon: 038392/661766
www.koenigsstuhl.com

Öffnungszeiten:
Ostern bis 31.Oktober
täglich 9 bis 19 Uhr
1. November bis Ostern
täglich 10 bis 17 Uhr

Parken kostenpflichtig
auf dem Parkplatz in Hagen,
Zubringerbus

Preise:
Erwachsener 7,50 €
Kind (6 bis 14 J.) 3,50 €
Familie 15 €
(2 Erw. + Kinder bis 14 J.)
Gruppe (ab 10 Pers.) 4,50 €

Claudia Hilliges & Karel
Panken
Stubbenkammerstraße 37
18551 Lohme / OT Hagen
Telefon: 038302/886208
www.atelierhilliges.de

Öffnungszeiten:
im Sommer täglich meist
ab 10 Uhr
außerhalb der Saison telefonische Absprache sinnvoll

Parken kostenlos
vor dem Haus

Lohme

Lohme

Steinmüller Steinmanufaktur

Einen Laden derart voller Steine wird man so schnell nicht wieder entdecken. Ziemlich alles, was die Eiszeit an den Stränden der Ostsee hinterlassen hat, findet sich auch bei Peter Müller. Ob Feuer-, Edel- oder Bernstein, roh oder geschliffen und poliert. Darunter originell bearbeitete und äußerst seltene Stücke mit Einschlüssen. Das Beste aber ist, dass jeder sein Fundstück vom Strand mitbringen und in ein Urlaubs-Erinnerungs-Unikat verwandeln lassen kann. Eine kleine Leseecke gibt's übrigens auch und für Kinder ein hübsches Steinparadies, in dem sich garantiert ein Donnerkeil finden lässt.

Steinmüller Steinmanufaktur
Zum Hafen 6
18551 Lohme
Telefon: 038302/90109
www.ruegensteine.de

Öffnungszeiten:
Ostern bis Oktober
Mo bis Sa 13 bis 18 Uhr
Januar bis Ostern
Fr und Sa 13 bis 18 Uhr

Parken kostenpflichtig im Ort

Keramikatelier von Kerstin Bartel

Gleich um die Ecke vom Steinmüller gibt es einen weiteren »Hereingucker«: Das Atelier von Kerstin Bartel ist winzig, aber mit allem Nötigen ausgestattet. Man kann der Künstlerin über die Schulter schauen, wenn sie Gebrauchskeramik und feine Fayencen formt, brennt und auch selbst bemalt. Außerdem gibt es die Bandbreite der Arbeiten ebenfalls fertig im Regal zum Stöbern.

Kerstin Bartel
Zum Hafen 6
18551 Lohme
Telefon: 038302/88898

Öffnungszeiten:
Saison Mo bis Sa ab 11 Uhr
So ab 13 Uhr
Oktober bis März
Mo bis Sa ab 13 Uhr
sowie nach Vereinbarung

Parken kostenpflichtig im Ort

Gummanz

Kreidemuseum

Das Museum befindet sich in der restaurierten Werkhalle des früheren Kreidewerkes Gummanz. Gleich hinter dem Haus erhebt sich der sogenannte Kleine Königsstuhl. Von 1854 bis 1962 wurde hier das weiße Gold der Insel abgebaut. Kreideabbau war in den ersten Jahren äußerst harte Arbeit mit Hacken und Spaten. Die aufgeschlämmte nasse Kreide wurde nur mit Muskelkraft bewegt. Ein Filmdokument von 1927 zeigt die Arbeitsschritte vom Abbau bis zur Vermarktung.

Zur Ausstellung gehören auch das Modell einer 6 Meter langen Meeresechse und eine umfangreiche geologische Sammlung zur sogenannten Rügener Schreibkreide. Zahlreiche Lebewesen bewohnten das Kreidemeer vor 67 Millionen Jahren – und Fossilien wie Muscheln, Armfüßer, Seeigelstacheln oder Austern findet man heute beim Abbau der Kreide. Zum Museum gehören ein Kreide- und Naturlehrpfad sowie das Freilichtmuseum im früheren Tagebau.

Gummanz 3a
18551 Sargard
Telefon: 038302/56229
www.kreidemuseum.de

Öffnungszeiten:
November bis Ostern
Di bis So 10 bis 16 Uhr
Ostern bis Oktober
täglich 10 bis 17 Uhr

Eintritt:
3 € / 1,50 €
Familienkarte 7 €
Führungen auf Anmeldung

Parken kostenlos ca. 400 m entfernt
(Parkplatz Jasmar Resort),
vor dem Eingang
nur Behindertenparkplatz

Neddesitz

Jasmar Therme

Von Weitem fällt besonders die große Rutsche auf. Betritt man dann die Badelandschaft, sind es die vielen großen grünen Inseln im blauen Wasser, die ein Wohlgefühl in der 1000 Quadratmeter großen Badelandschaft erzeugen. Das Wasser bietet 32 Grad, Liegen stehen unter einem dschungelähnlichen Blätterdach.

Ein Kinderplanschbecken, ein Strömungskanal und Wasserduschen mit kräftigem Strahl garantieren Badespaß und Abwechslung.
Wer es gern etwas kühler mag, schwimmt in den Außenbereich. Auf der grünen Wiese kann man sich an der frischen Luft in kuschelige Strandkörbe setzen. Langfristige Planung sichert einen Platz in einem Schwimmkurs oder bei der Wassergymnastik. Donnerstags dürfen die Babys mit ins große Becken.
Ein Imbiss gegen den Hunger, der häufig dem Baden folgt, kann im angeschlossenen Bistro eingenommen werden.

Neddesitz
18551 Sargard
Am Taubenberg 1
Telefon: 038302/97700
www.jasmar.de

Öffnungszeiten:
täglich 8 bis 22 Uhr
(letzter Einlass 21 Uhr)

Eintritt:
Erwachsene 11 € (3 Stunden),
14 € (Tag)
Kinder 8 € (3 Stunden),
10 € (Tag)
Familienkarte (2 Erwachsene
und 1 Kind) 30 €
weitere Kinder je 6 €

Parken kostenlos
gegenüber der Therme

Sandskulpturenfestival

Was für eine Idee, ein Zelt mit tausenden Tonnen Sand zu füllen und dann Künstler aus aller Welt zu bitten, sich hier für einen Sommer zu verewigen. Zwei Holländer laden in Neddesitz zum Sandfest ein. Aus dem feinkörnigen und meist sehr losen Material entstehen schon im kalten Frühjahr wundersame Figuren. In jedem Jahr werden andere Themen dargestellt.
Bevor die sogenannten Carver Hand anlegen können, wird der Sand in quadratische Form gebracht. Angefeuchtet und mit einem Rüttler verdichtet, verhaken sich die klitzekleinen Sandkörner, das überschüssige Wasser sammelt sich an der Oberfläche. Es wird abgesaugt und eine neue Sandschicht wird aufgeschüttet sowie verdichtet. Allmählich entsteht ein beinahe steinharter Quader, den die Künstler im März zu ihren Szenen verarbeiten.
Einen Monat später ist ein gewundener Pfad durch die phantasievolle Skulpturenwelt angelegt. Nach dem Rundgang lockt der Duft von frischem, selbst gebackenem Kuchen zu einer Pause.
Pfingsten 2011 knackte man auf Rügen einen 20 Jahre alten Guinnessbuch-Rekord. Eine 27,5 Kilometer lange Sandburg entstand.
Mit Hilfe von vielen fleißigen Helfern wuchs dieses Bauwerk innerhalb eines Tages aus dem Sand am Strand der Schabe.

Am Taubenberg 1
18551 Sargard, OT Neddesitz
www.sandfest-ruegen.de

Öffnungszeiten:
16. April bis 23. Oktober
täglich 10.30 bis 17.30 Uhr

Eintritt:
7,50 € / 5,50 €
Familie (2 Erwachsene und 2 Kinder) 21,50 €

Parken kostenlos 100 m vor dem Zelt

Altenkirchen

Pfarrkirche

Im frühen 13. Jahrhundert wurde die Backsteinkirche auf einem Begräbnishügel der Ranen geweiht. Damit ist sie die älteste Dorfkirche Rügens. Eine bemerkenswerte Ausstattung macht sie noch interessanter. Da wäre der älteste noch erhaltene Taufbrunnen Rügens (um das Jahr 1215), aus Gotländer Sandstein gefertigt. Er zeigt vier Köpfe, stellvertretend für die vier Paradiesströme Euphrat, Tigris, Gihon und Pischon. Auch der Hochaltar mit den Weihekreuzen von Bischof Absolon, der barocke Altaraufsatz und die zweimanualige Orgel sind bemerkenswert. Sie wurde in Berlin gebaut und 1789 auf Wunsch von Pfarrer und Dichter Ludwig Gotthard Kosegarten nach Altenkirchen gebracht. Gegen Ende des Dreißigjährigen Krieges war ein Teil des Dachstuhls der Kirche zusammengebrochen. Daher wurde 1670 der freistehende Glockenstuhl gebaut.

Jeweils von Juni bis Oktober lädt die Kirchgemeinde zu zahlreichen Veranstaltungen und mindestens einer Ausstellung in das Gotteshaus.

Evangelisches Pfarramt Nordrügen
An der Kirche 1
18556 Altenkirchen
Telefon: 038391/366
www.kirche-altenkirchen.de

Öffnungszeiten:
Ostern bis Oktober
täglich 8 bis18 Uhr
November bis Ostern
Mo bis Fr 8 bis 14.30 Uhr

Juni bis Oktober zahlreiche Veranstaltungen:
Konzerte von Klassik bis Jazz, Lesungen, Vorträge und die Reihe »Religion im Gespräch«.

Parken kostenlos im Ort (max. 5 min Fußweg)

Putgarten

Atelier Nordstrand

Papier entsteht aus einem Gemisch von Wasser und Zellulose. Fügt man diesem Brei einige Algenfäden vom Strand oder Holzsplitter hinzu, erhält der Bogen eine unverwechselbare Textur. Wie das Papierschöpfen und Trocknen erfolgt, kann in diesem Atelier nahe dem Kap Arkona beobachtet werden.

Setzermeister Stefan Gebler bedient auch die alten Druckmaschinen, die zum Inventar gehören. In einem vergnüglichen Gespräch gibt der Drucker Einblicke in die vielfältigen Möglichkeiten, eigenes Papier zu kreieren. Auch wenn der Besucher nicht selbst tätig werden kann, das Zuschauen und Zuhören hinterlässt eindrucksvolle Erinnerungen. Diese können mit einem besonderen Mitbringsel lange wachgehalten werden.

Dorfstraße 2
18556 Putgarten
Telefon: 038391 / 769919
www.atelier-nordstrand.de

Öffnungszeiten:
April bis Oktober
9 bis 19 Uhr
(oder immer, wenn Licht brennt)

Eintritt frei

Parken kostenpflichtig
auf dem Großparkplatz
am Ortseingang

Putgarten

Marine Bunkeranlage

Unter sieben Metern Erde verborgen, weisen an der Erdoberfläche nur die Lüftungsrohre auf die Bunkeranlage hin. Sie wurde nach achtjähriger Bauzeit 1986 eingeweiht.
In diesem Führungsbunker der ehemaligen 6. Flottille der Volksmarine und der Vereinigten Ostseeflotte taten täglich ungefähr 50 Soldaten ihren Dienst. Die DDR besaß keine eigenen U-Boote, beobachtete aber alles, was sich vor der Küste bewegte. Auf 2000 Quadratmetern befanden sich die Quartiere: Schlaf- und Sanitärräume und Abhöranlagen. Heute kann alles während einer interessanten Führung voller Geschichten besichtigt werden.

Bereits 1985 erschien ein Foto vom Kap Arkona mit Bunker im Bildband »Soldaten des Volkes«. Die Anlage war enttarnt. Unklar ist, wie die Abbildung dort hineingelangte.
Das Buch wurde sofort eingestampft und erschien ohne Bunkerfoto später neu.

Kap Arkona
18556 Putgarten
Telefon: 038391/434640
www.ostsee.de/insel-ruegen/kap-arkona-bunker.html
www.foerderverein-kap-arkona.de

Öffnungszeiten:
täglich 12 bis 15 Uhr,
stündliche Führung
à 45 Minuten

Eintritt:
5 € / 2,50 €
KAP-Karte 10 € (Leuchttürme, Marinebunker)

Parken kostenpflichtig
auf dem Großparkplatz
am Ortseingang

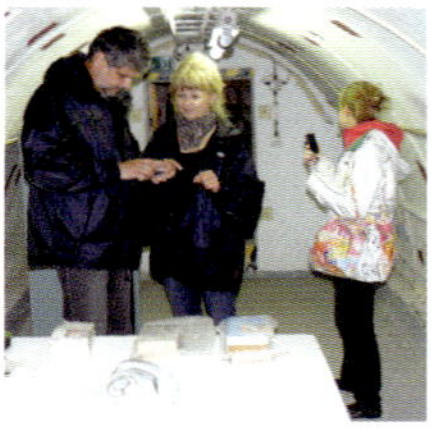

Rügenhof Arkona

An der kopfsteingepflasterten Straße von Putgarten, die direkt ans Kap Arkona führt, liegt der idyllische Rügenhof. In seine ehemaligen Scheunen sind Kunsthandwerker und kleine Läden eingezogen und erzeugen eine Stimmung, die an das Leben auf den alten Marktplätzen erinnert.
Der touristisch ausgebaute Gutshof auf der Halbinsel Wittow wurde um 1900 errichtet. Er lockt heute mit einem vielfältigen Mix aus historischem Handwerk und handgefertigten Produkten. Wer etwas ausprobieren möchte, kann sich im Kerzengießen oder Filzen (Anmeldung unter 038391/939033) erproben. Steinschleifer, Korbflechter und Schmuckgestalter lassen sich bei der Arbeit beobachten. Auf dem Gutshof werden die traditionellen Feste der Gemeinde gefeiert. Handwerker-, Bauern- und Töpfermärkte, Schlacht- und Erntefeste gehören zum Veranstaltungsrepertoire.

Rügenhof
Dorfstraße 22
18556 Putgarten
Telefon: 038391/4000
www.kap-arkona.de

Öffnungszeiten:
April, Oktober
10 bis 17 Uhr
November bis Ende Februar
10 bis 16 Uhr
Mai bis September
10 bis 18 Uhr
(Ferien bis 19 Uhr)
März täglich 10 bis 18 Uhr

Eintritt frei

Parken kostenpflichtig
auf dem Großparkplatz
am Ortseingang

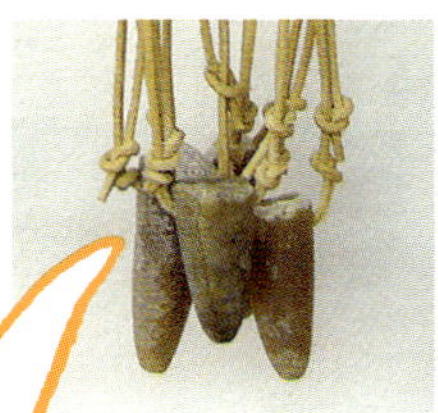

Messerschmiede Kelting

Wer schon immer mal wissen wollte, wie es ist, eine Messerklinge oder einen Anhänger selbst am Feuer zu schmieden, kann sich bei Stefan Kelting ausprobieren. Er bietet für Anfänger Kurse im Schmieden, Schmuckgestalten und Messerbau. Mindestens 3 Stunden sollte man dafür einplanen. Erste Übung ist in jedem Fall das Schmieden eines Hakens zum »Warmwerden«. Danach geht es ans jeweilige Lieblingsstück: Eine Messerklinge, Grillgabel oder ein Kerzenhalter können als durchaus realistisches Ziel angesehen werden. Fortgeschrittene dürfen sich sogar eigenhändig ihre Eheringe gestalten.

Stefan Kelting selbst schmiedet mit Leidenschaft Messer bis zur Perfektion, aber auch Requisiten für Theater und Film.

Stefan Kelting
Schmiedekurse nur nach telefonischer Anmeldung in einer alten Gutsschmiede
Telefon: 0174/4778836
www.sk-schmiede.com

Alle Kurse auch kurzfristig!
Schmiedekurs mit und ohne Vorkenntnisse
20 € pro Stunde pro Person inklusive Material

Schmuckkurs
25 € pro Stunde pro Person inklusive Material (Bronze)

Messerbau-Kurs
über mindestens 3 Tage

Parken kostenpflichtig auf dem Großparkplatz am Ortseingang

Putgarten

SzenenWechsel im Alten Hotel

Die Zeiten, als illustre Gäste im 1840 erbauten Logierhaus weilten, sind Vergangenheit. Gegenwart ist ein bunter und abwechslungsreicher Reigen vielseitiger Kunst.
25 Künstler aus Mecklenburg-Vorpommern und von verschiedenen Ostsee-Inseln zeigen auf drei Ebenen Rauminstallationen, Inszenierungen in den Fluren und eine Installation zum Thema Gehäuse im Dachgeschoss. Ein mehr als drei Meter hoher »Baum der Visionen« aus Papierresten ist Blickfang in der Vorhalle. Für fünf Monate im Jahr besetzen die Künstler das sonst leer stehende Haus. In jedem Raum stellt ein anderer seine Ideen vom Besetzen der Leere im Bild vor.

Altes Hotel
Kap Arkona
18556 Putgarten
Telefon: 038391/4190
www.foerderverein-kap-arkona.de

Öffnungszeiten:
Juni, September 10 bis 17 Uhr
Juli, August 10 bis 18 Uhr
Oktober 10 bis 16 Uhr

Eintritt: 3 € / 1 €

Parken kostenpflichtig auf dem Großparkplatz am Ortseingang

Putgarten

Helene-Weigel-Haus

Die Schauspielerin verbrachte hier seit 1950 mit Ehemann Bertolt Brecht ihren Urlaub.
Ihr künstlerisches Leben war eng mit dem Berliner Ensemble verknüpft und so blieb das 200 Jahre alte Bauernhaus auch nach ihrem Tod 1971 bis heute beliebtes Feriendomizil ihrer Kollegen. Im alten Stil restauriert, spürt man im urigen Garten bei Kaffee und Kuchen den rauen und ehrlichen Charme der Bühnenkünstlerin, die dem Berliner Theater bis zu ihrem Tod ihre Handschrift gab.
In einer Ausstellung werden Fotografien von Vera Tenschert gezeigt. Sie begleitete die große Schauspielerin und Theaterleiterin Helene Weigel über lange Jahre.

Dorfstraße 16
18556 Putgarten
Telefon: 038391/431007
www.helene-weigel-haus.de

Öffnungszeiten:
täglich 13 bis 18 Uhr

Eintritt frei

Parken kostenpflichtig auf dem Großparkplatz am Ortseingang

Fernlüttkevitz

Rügenkerzen

Karola Kolbe stellt ihre Kerzen im Gießverfahren her und lässt sich dabei, wie sie sagt, von den Farben der Insel Rügen inspirieren. Knapp 40 verschiedene Kerzenformen hat sie im Angebot und auf Kundenwunsch fertigt sie auch ganz individuelle Wachsleuchten an. Neben dem Aussehen ist ihr besonders wichtig, dass die Qualität stimmt und die Kerzen wirklich lange brennen. Wer sich vorher anmeldet, kann Karola Kolbe direkt bei der Arbeit in der kleinen Werkstatt zusehen oder selbst kreativ werden: Kerzen tauchen, gießen oder Windlichter gestalten.

Außer in der Werkstatt in Fernlüttkevitz gibt es Rügenkerzen auch im Klosterhof in Bergen zu kaufen.

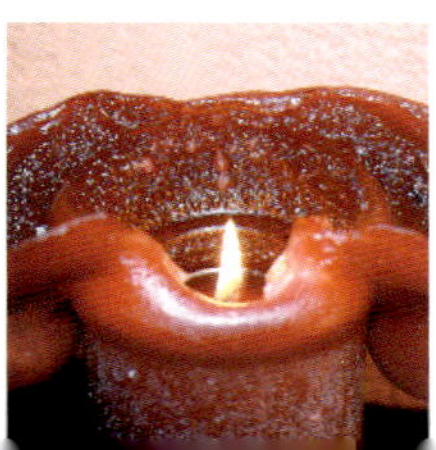

Karola Kolbe
Teichstraße 14
18556 Fernlüttkevitz
Telefon: 038391/12603
0160/8120260
www.rügen-kerzen.de

Öffnungszeiten:
In der Saison
täglich ab 11 Uhr und
nach Vereinbarung

Parken kostenfrei
auf dem Grundstück

Kleine Wetterkunde West-Rügen

von Stefan Kreibohm, meteomedia Wetterstudio Hiddensee

Im Frühjahr haben wir sehr häufig Ostwind. Der Westen Rügens und auch die Insel Hiddensee sind generell bei Ostwindwetterlagen ausgesprochen kalt – bedingt durch das kalte Seewasser. Wenn der Wind dann aber in entgegengesetzter Richtung über Rügen hinwegstreicht, gibt die Landfläche Wärme ab und die Luft kommt entsprechend angewärmt auf Hiddensee an. Die Temperaturunterschiede sind manchmal richtig krass. Da kann Hiddensee schon 20 bis 22 Grad haben, während Göhren, Juliusruh oder Binz gleichzeitig gerade mal auf 14 bis 15 Grad kommen. Die Sommerwärme des Ostseewassers beschert Hiddensee außerdem oft einen wohltemperierten Herbst. Wenn anderswo bereits Reif die Wiesen überzieht, streicht über die Insel noch die laue Brise vom nur langsam abkühlenden Wasser. Ein klares Votum für den Oktober als Reisezeit.

Waase

Kirche St. Marien

Unter den 49 Kirchen der Insel Rügen nimmt die von Waase einen besonderen Platz ein. Sie besitzt den bedeutendsten Altar. Der Antwerpener spätgotische Schnitzaltar wurde 1520/1525 wahrscheinlich für eine englische Kirche gefertigt. Allerdings erwarben Stralsunder Kaufleute das kostbare Werk für ihre Nikolaikirche und verkauften den Klappaltar 1702 für 50 Taler (das entspricht in etwa 15.000 €) nach Waase. Denn die Marienkirche war seit 1341 dem Heilgeisthospital zu Stralsund unterstellt.

Der einzigartige Flügelaltar besteht aus drei Teilen: dem Schrein, den bemalten Flügeln und der mit Spruchbändern bemalten Predella. Zwölf Tafelbilder erzählen u.a. die Passionsgeschichte und Szenen aus dem Leben von Thomas Becket, der anfänglich der Freund und später der Feind des englischen Königs Heinrich II. war.
Der Taufstein der Kirche ist über 1200 Jahre alt, die Kanzel und der Bronzeleuchter stammen aus dem 16. Jahrhundert.

Neue Strasse 62
18596 Wasse
www.kirchenkreis-stralsund.de

Öffnungszeiten:
Mo 12 bis 14 Uhr
Di bis Fr 11 bis 15 Uhr

Eintritt frei

Parken kostenlos
nahe der Kirche

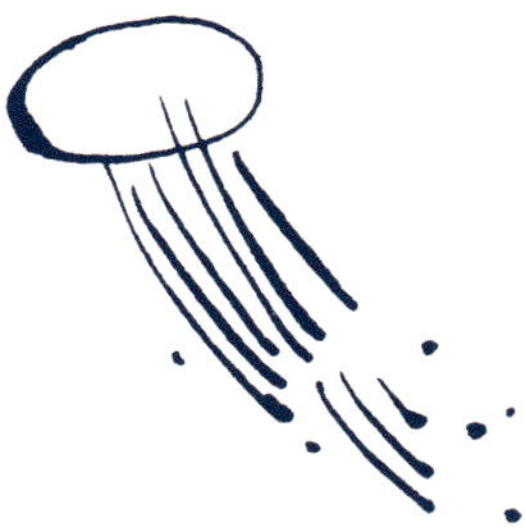

Ummanz-Keramik

Die kleine Keramikstube von Susan Schmorell liegt gleich neben der Kirche. Sie zeigt Rügener Fayencen mit originellen und regionalen Motiven. Die studierte Keramikerin betreibt eine eigene Werkstatt im nahen Wusse.
Dort duldet sie jedoch keine Gäste. Zum Ausgleich lässt die Künstlerin in Waase in ihrem Verkaufsatelier eine Töpferscheibe rotieren oder verziert die gebrannte Keramik. Vor allem mit erdig-braunen oder leuchtend-blauen, der Rügener Natur abgeschauten Motiven.
Das sind Sanddorn und Reet, Kraniche, Kopfweiden und Wasser. Zusätzlich bietet das Atelier regionale Produkte aus Sanddorn und Wildfrüchten an. Selbst gestalten kann man leider nicht. Dennoch lässt sich die Keramikerin gern auf ein Gespräch ein.

Susan Schmorell
Pappelweg 1
18569 Wusse
Telefon: 038305/8111

Öffnungszeiten:
Mai bis Oktober
Mo bis Sa 10 bis 18 Uhr,
So 11 bis 17 Uhr
November bis April
Mo bis Fr 10 bis 17 Uhr

Eintritt frei

Parken kostenlos am Haus

Waase

Kaffeerösterei

Kaffeeduft weht bis hinüber zur Kirche, wenn in dem Fachwerkbau die Röstmaschine läuft. Eigner Alik Kunze bietet Kaffee und Espresso aus 17 Ländern an. Zwei Pflanzen, die Arabika und die Robusta, gedeihen unter unterschiedlichen klimatischen Bedingungen und auf unterschiedlichen Böden, so dass unzählige Kaffeesorten entstehen. Über 500 Aromen schlummern bereits in den grünen Bohnen, durch den Röstvorgang werden weitere herausgekitzelt.
Mehrmals wöchentlich wird mit der türkischen Maschine geröstet, meist um die Mittagszeit. Ein Röstvorgang dauert rund 30 Minuten. Zusätzlich bietet Alik Kunze Kaffeevorträge an.

Ostsee-Kaffee
Am Focker-Strom 2
18569 Waase
Telefon: 038305/353835
www.ostsee-kaffee.de

Öffnungszeiten:
täglich 10 bis 18 Uhr

Eintritt:
Vortrag und Verkostung
(telefonisch anmelden) 5 €

Parken kostenlos am Haus

Gingst

Historische Handwerkerstuben

Gingst liegt direkt an der historischen Heringsstraße, die einst von Stralsund auf die Halbinsel Wittow führte. Die Gingster Handwerker hatten schon im Mittelalter einen hervorragenden Ruf. Fast 50 Berufe sollen hier ausgeübt worden sein – darunter die in starken Zünften organisierten Stellmacher und Weber, aber auch Bäcker und Töpfer.
Die historischen Handwerkerstuben bewahren nun die Zeugen der einstigen Blütezeit für die Nachwelt auf. In den mehr als 200 Jahre alten Reethäusern sind unter anderem eine alte Weber- und eine Schumacherwerkstatt sowie eine Schneiderstube originalgetreu nachgestaltet worden.

Aber auch allerlei landwirtschaftliche und Haushaltsgeräte oder alte Spielsachen zeigt das Museum. Und neben der Schmiede dringt aus der Scheune heute der Duft von Kaffee und frisch gebackenem Kuchen, denn dort hat jetzt das Museumscafé seinen Platz.

Karl-Marx-Straße 19/20
18569 Gingst
Telefon: 038305/304
www.historische-handwerkerstuben-gingst.de

Öffnungszeiten:
Juni bis August
täglich 10 bis 17 Uhr
Mai, September
Mo bis Sa 10 bis 17 Uhr
Oktober
Mo bis Sa 10 bis 16 Uhr
November bis April
Mo bis Fr 10 bis 16 Uhr

Eintritt: 2 € / 1,50 €
Familienkarte 5 €

Nach Anmeldung Führungen auf Hochdeutsch oder Platt

Parken kostenlos am Grundstück

Kerzenträume

Nur ein paar Meter vom Gingster Markt entfernt können Kerzenträume wahr werden – ein ganzer Laden voller Wachsgebilde, dazu maritime Souvenirs aller Art. Die meisten Kerzen stellt Tino Tittel selbst her; gegossen oder gezogen, zum Teil auch kunstvoll mit Schnitzereien verziert. Bei Bedarf werden sie auch nach den Wünschen der Kunden für einen bestimmten Anlass hergestellt.

Große Wachs-Bottiche mit vielen verschiedenen Farben warten auf Besucher, die sich im Kerzenziehen selbst versuchen wollen. Eine bis anderthalb Stunden sollte man dafür einplanen, je nach Dicke der angefertigten Kerzen. Dafür kann aber auch parallel an mehreren Paaren gearbeitet werden. Für Faule oder besonders Eilige gibt es vorgezogene Rohlinge. Sehr beliebt ist das Händetauchen, nachdem man seine eigene Hand in Wachs nach Hause tragen kann.

Kerzenträume
Tino Tittel
Mühlenstraße 50
18569 Gingst
Telefon: 038305/53627

Öffnungszeiten:
Mo bis Sa ab 10 Uhr

Preise:
Kerzenpaar ab 3 €
Patinaeffekt 30 Cent

Parken kostenpflichtig gegenüber vom Haus

Dreschvitz

Uni@Kati Kunst- & Keramikatelier

Ihr Motto ist: »… ich bin viel, mehr als ich weiß …« – und die Suche nach ihren künstlerischen Grenzen hat sie letztlich zum Arbeiten mit Ton gebracht. Als Autodidaktin beschäftigte sich Cornelia Klemm mit Porzellan, Steinzeug und Rakuton. Heute hat sie ihr eigenes Keramikatelier und lässt ihrer Phantasie in Figuren und Objekten freien Lauf. Oder sie fertigt nach Kundenwünschen Brauchbares und Schönes, Witziges und Sanftes. Besucher können ihren großen Galerieraum mit anschließender Werkstatt besuchen, oft arbeitet Cornelia Klemm sogar direkt im Atelier.

Uni@Kati
Werkstatt und Galerie von
Cornelia Klemm
Rothenkirchener Straße 6
18573 Dreschvitz
Telefon: 0174 / 7321512
www.uni-kati.com

Geöffnet ganzjährig auf gut Glück oder nach telefonischer Absprache

Parken kostenlos am Haus

Kloster

Insel Hiddensee / Heimatmuseum

Früher war das Häuschen Seenotrettungsstation, heute ist darin das Heimatmuseum untergebracht. Zu ebener Ebene befindet sich die Ausstellung zur Geschichte des Hauses, eine Bernsteinsammlung und die sehr anschauliche Präsentation von Fossilien und Strandfunden zum Anfassen. Von Mai bis Oktober lenkt ein bunter Blumentisch die Aufmerksamkeit auf sich. 40 bis 50 aktuell blühende, frische Pflanzen sind hier vertreten.
Im Obergeschoss gibt es Wissenswertes zur Inselgeschichte und das Alltagsleben auf Hiddensee vor mehr als 100 Jahren sowie Hörbeiträge und Sitzgelegenheiten zum Lesen. Während der Saison zählen regelmäßige Führungen durchs Museum zum Programm.

Bernstein Werkstatt Hiddensee

Bei kleinen Landratten erfreut sich besonders die wöchentliche Knotenschule großer Beliebtheit.

Kirchweg 1
18565 Kloster
Telefon: 038300/363
www.seebad-hiddensee.de

Öffnungszeiten:
April bis Oktober
täglich 10 bis 16 Uhr
November bis März
Do bis Sa 11 bis 15 Uhr

Eintritt:
3,50 € / 2 €
Familienkarte
(2 Erw.+Kinder bis 12 J.) 9 €
Von Mai bis Oktober
regelmäßig Führungen
Di und Do je 13 Uhr
je einmal wöchentlich
Kinderführung (Mi) und
Knotenschule (Fr)

Wenn die Frühjahrs- oder Herbststürme über das kleine Eiland fegen, ist die beste Zeit fürs Bernstein-Suchen gekommen. Dann sind Henry Engels und Tony Corrigan natürlich auch mit Keschern am Strand unterwegs.
In der kleinen Werkstatt werden die Fundstücke danach bearbeitet und in jede Menge Schmuck verwandelt. Vom Laden aus können die Besucher durch ein großes Fenster bei der Arbeit zuschauen. Wer selber vom Finde-Glück verwöhnt wurde, kann sich seinen eigenen Bernstein hier gleich veredeln lassen.

Engels & Corrigan
Bernstein Werkstatt Hiddensee
Mühlberg 17
18565 Kloster
Telefon: 038300/60494
0171/1946961
0160/92945666
www.bernstein-werkstatt-hiddensee.de

Öffnungszeiten:
täglich von 10 bis 17 Uhr

Kloster

Gerhart-Hauptmann-Haus

Der Dichter Gerhart Hauptmann fand auf Hiddensee seinen Zufluchtsort und verbrachte seit 1930 die Sommer auf der Insel. Sein Sommerhaus ist originalgetreu so erhalten, wie er es bewohnte, und heute als Museum zugänglich. Auf der einen Seite Bibliothek und Arbeitszimmer des Nobelpreisträgers, dann der Gang, den er zum Auf- und Abgehen beim Diktat benutzte, und schließlich das Wohnhaus. Zu besichtigen sind sein umfangreicher Weinkeller mit Platz für rund 500 Flaschen, das Esszimmer und die Schlafzimmer im Obergeschoss. Eine Ausstellung beleuchtet Episoden aus dem Leben des Dramatikers und dessen Werk.
Von Mai bis Oktober gibt es in Hauptmanns Arbeitszimmer jeden Samstag Lesungen und Kammerkonzerte. Auch spezielle Kinderführungen, -konzerte und ein Literaturwettbewerb für die Jüngsten sind sehr beliebt.

Kirchweg 13
18565 Kloster
Telefon: 038300/397
www.seebad-hiddensee.de
www.hauptmannhaus.de

Öffnungszeiten:
Mai bis Oktober
Mo bis Sa 10 bis 17 Uhr,
So 13 bis 17 Uhr
November und März
Di bis Fr 11 bis 14 Uhr
April Mo bis Fr 11 bis 16 Uhr
Dezember bis Februar auf Voranmeldung

Eintritt:
3 € / 2 €
Familienkarte (2 Erwachsene und Kinder) 10 €

Führungen auf Nachfrage,
im Sommer jeden Donnerstag spezielle Kinderführung

Inselkirche in Kloster

Schon im 13. Jahrhundert entstand auf Hiddensee eine Zisterzienserabtei. Außerhalb des Klosters wurde 1332 noch eine Kirche geweiht. Sie diente als Pfarrkirche für die Bauern und Fischer der Insel. Die heutige Inselkirche wurde auf ihren Grundmauern errichtet und ist inzwischen das älteste Gebäude von Hiddensee. Sie hat nun ein Tonnengewölbe aus Holz, über und über mit Rosen bemalt. Empore, Kanzelaltar und der schwebende Taufengel stammen aus dem 18. Jahrhundert.
Von Mai bis Oktober finden jeden Dienstag Konzerte, Lesungen und Vorträge in dem Gotteshaus statt, donnerstags immer Orgelkonzerte. Zusätzlich werden mittwochs Veranstaltungen im Gemeindehaus in Neuendorf angeboten.

Evangelische Kirchengemeinde Hiddensee
Kirchweg 42
18565 Kloster/Hiddensee
Telefon: 038300/328
www.kirche-hiddensee.de

Öffnungszeiten:
Ostern bis Oktober
täglich 8 bis 20 Uhr
November bis Ostern
täglich 8 bis 16 Uhr

Im Sommer zahlreiche Veranstaltungen in Kirche und Gemeindehaus

Galerie am Torbogen

Es war schon Schul- und Küsterhaus, später Winterkirche und Gemeindehaus von Kloster. Interessierte Inselbewohner treffen sich hier nun zum Töpfern, Singen oder Drucken.
Von Ende April bis Oktober gibt es jedes Jahr acht Ausstellungen in der Galerie, jede für drei Wochen. Künstler aus ganz Deutschland bewerben sich darum. Während ihre Werke gezeigt werden, sind die Künstler vor Ort, wohnen sogar im Haus. Die jeweilige Galeriesaison ist auf der Internetseite zu finden.

Evangelische Kirchengemeinde Hiddensee
Kirchweg 42
18565 Kloster/Hiddensee
Telefon: 038300/328
www.kirche-hiddensee.de

Öffnungszeiten:
April bis Oktober
täglich von 11 bis 18 Uhr

Eintritt frei

Nationalparkhaus

Keine Insel an der Ostseeküste ist den Einflüssen von Wind und Wasser so ausgesetzt wie Hiddensee. Und so ist es nachvollziehbar, dass die Dauerausstellung des Nationalparkhauses den Titel »Panta rhei« (alles fließt) trägt. Dass die Insel sich täglich verändert, ist zum Beispiel am Neuen Bessin zu erkennen. Hier lagert sich viel Sand ab. Der Haken wächst im Jahr zwischen 30 und 60 Metern ins Meer, so dass die schmale Fahrrinne zwischen Hiddensee und Rügen regelmäßig ausgebaggert werden muss.
Von den witterungsbedingten ständigen Veränderungen erzählen zudem Modelle, Schautafeln und interaktive Fragespiele, die das Thema auch für Kinder erlebbar machen.

Das reetgedeckte Haus wurde 1998 eingeweiht. Es steht auf einem trapezförmigen Grundriss und fügt sich so gut in die einmalige Landschaft von Hiddensee ein.

Norderende 2
18565 Vitte
Telefon: 038300/68041
www.nationalpark-vorpommersche-boddenlandschaft.de

Öffnungszeiten:
April bis Oktober
täglich 10 bis 16 Uhr
November bis März
täglich 10 bis 15 Uhr

Eintritt frei

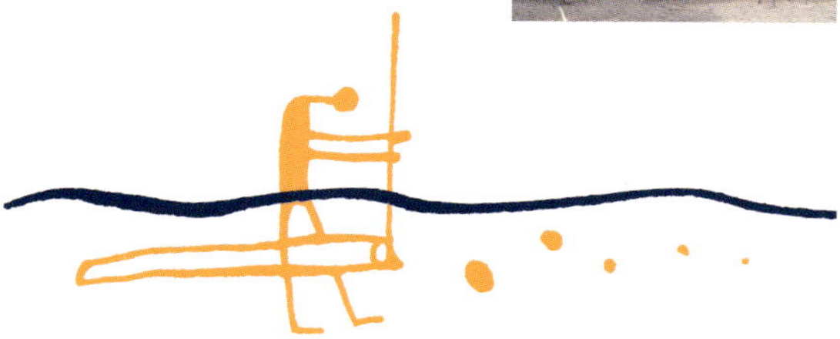

Bernsteinwerkstatt Vitte

In Vitte liegt an der Hauptstraße etwas zurückgesetzt das winzige Atelier von Ingolf Engels. Er bietet seinen Kunden an zwei Tagen in der Woche nachmittags die Möglichkeit, selbst gefundenen Bernstein zu schleifen. Wer gerade kein Glück am Strand hatte, der darf sich einen Rohling bei ihm aussuchen. Den begehrten Schmuckstein findet man am besten, wenn sich der Westwind etwas gelegt hat und die See zur Ruhe kommt. Zwischen Kieseln, Muscheln und Tang versteckt er sich. Mit Kescher und Gummistiefeln ist man für diesen besonderen Fang bestens ausgerüstet.

Bernsteinwerkstatt Vitte
Norderende 142
18565 Vitte
Telefon: 038300/60730
www.bernsteinwerkstatt-vitte.de

Öffnungszeiten:
Di, Do 15 bis 18 Uhr
Bernsteinschleifen

Preise:
Kursgebühr 5 € plus Bernstein (nach Gewicht)

Seebühne Hiddensee

Aus dem 1990 gegründeten Homunkulus-Figurentheater Berlin entstand 1998 die Seebühne auf Hiddensee. Ein Team von zehn Mitarbeitern unterhält jeden Sommer große und kleine Theaterfreunde mit neuen Inszenierungen. Kleine Kindergeschichten und Märchen, aber auch große Dramen kommen hier zur Aufführung. Nachmittags oder abends werden in der kleinen Theaterwelt Geschichten des Lebens erzählt. Mit historischen Marionetten zaubern die professionellen Schauspieler und diplomierten Puppenspieler Geschichten zum Lachen und Nachdenken auf die traditionelle Bühne. Die bunten Bretter der kleinen Hiddenseer Theaterwelt schicken ihre Gäste auf eine Reise von Lütt Matten über Pinocchio bis hin zu Faust und Mephisto.

Wallweg 22
18565 Vitte
Telefon: 038300/60593
www.hiddenseebuehne.de

Eintritt:
8 € bis 15 €

Aufführungszeiten:
Mai bis September
26. bis 31. Dezember

Blaue Scheune / Henni-Lehmann-Haus

Die Gründerin der Hiddenseer Künstlerinnenbundes war die Berliner Malerin Henni Lehmann (1887 – 1937). Die Blaue Scheune entstand 1907 als Hallenhaus. Es beherbergte anfangs eine Bäckerei. Familie Lehmann erwarb das Gebäude 1920 als Sommersitz. Die Malerin Henni Lehmann engagierte sich nicht nur für Künstler, sondern auch für die Hiddenseer selbst. Durch ihre Unterstützung konnte 1913 ein Arzthaus gebaut werden. Sie gehörte auch zu den Gründungsmitgliedern des Natur- und Heimatschutzbundes.

So wie zu Lebzeiten der vielseitig begabten Künstlerin wird dieses Haus heute wieder für Ausstellungen und Veranstaltungen genutzt. Hier befindet sich die Bibliothek der Insel. In den 1950er Jahren erwarb der Maler Günter Fink das geschichtsträchtige Wohnhaus.

Blaue Scheune
Noderende 162
18565 Vitte
www.hiddensee-kultur.de

Öffnungszeiten Galerie:
Mai bis September
Mi und So 10 bis 12 Uhr

Eintritt frei

Künstlerisches Hiddensee – Literarische Führungen

Seit einigen Jahren führt die diplomierte Verlagsleiterin Ute Fritsch zu einem besonderen Thema Hiddenseebesucher über die Insel. Sie zeigt, was für interessante Poeten hier lebten, Urlaube verbrachten und wie sie untereinander beziehungsweise miteinander umgingen. Ihre literarischen Führungen sind sorgfältig vorbereitet. Ute Fritsch suchte in Archiven; viele Kopien von Artikeln, Bildern und alte Zeitungsnotizen bringt sie mit auf die künstlerischen Exkursionen. Auch wenn es regnet, findet die Wanderung durch Kloster, Vitte oder Neuendorf statt, wobei in kleinen gastlichen Häusern Pausen gemacht werden. Im Vereinszimmer oder hinteren Lokalbereich sitzen alle zusammen und lauschen der festen Stimme von Ute Fritsch. Regnet es stark, wird gleich in eine Lokalität eingekehrt. Günter Grass, Hans Fallada, Joachim Ringelnatz, Asta Nielsen, Sigmund Freud, Mascha Kaléko und viele andere weilten auf Hiddensee. Die Insel hinterließ Spuren in ihren Geschichten und Gedichten. Die Gäste dürfen diesen nachgehen.

Literarische Spaziergänge
Ute Fritsch
Treffpunkte erfragen
Telefon: 0170/4125277
www.kuenstlerinsel-hiddensee.de

Zeiten der Führungen:
Anmeldung erforderlich
Juni, Juli, August
So 16 Uhr Künstlersalon mit Kaffee und Kuchen
Mo (2. und 4. Mo)
14 bis 17 Uhr Literarischer Spaziergang Neuendorf
Di 13 Uhr
Ringelnatz und Asta Nielsen
Do 17 Uhr
Liebesinsel Hiddensee,
18 Uhr Tödliches Eiland
Fr 13 Uhr
Literarischer Spaziergang
Sa 11 Uhr
Strandlesung für Kinder

Neuendorf

Fischereimuseum Lütt Partie

Einst lebte fast jede Familie von Hiddensee vom Fischfang. Eine Fanggemeinschaft nannte man »Partie«. Darauf bezieht sich der Name dieses kleinen Museums. Hier reden die Fischer selbst mit den Gästen, jeden Tag übernimmt ein anderer Kollege die Aufsicht. Sie erklären die Fanggeräte und die Besonderheiten des Fischfangs in den Boddengewässern und der Ostsee. Die Atmosphäre in dem roten Klinkerbau erhält durch die ausgestellten Geräte eine sehr authentische Note.
1885 wurde der ehemalige Reusenschuppen errichtet. Für Hiddensee ist diese Bauweise etwas Besonderes. Während andere Schuppen der Einheimischen zu Urlauberunterkünften um- und ausgebaut wurden, hat dieses Haus seinen historischen Charakter behalten.

Der Besuch des Fischereimuseums ist kostenlos, kleine Spenden an den Förderverein sind natürlich willkommen.

Pluderbarg 7
18565 Neuendorf
Telefon Vereinsvorsitzender
Schluck: 0171/4781104

Öffnungszeiten:
Mai bis Oktober
Mo bis Sa 14 bis 17 Uhr
Mo, Fr 11.30 Uhr Führungen

Adressen

Reithallen auf Rügen

Altkamp
Pferdehof Altkamp
Dorfstraße 3
18581 Altkamp
Telefon 038301/61730
www.pferdehof-altkamp.de

Bergen
Appaloosazucht
Stadthof 2
18528 Bergen
Telefon 03838/315928
www.westernreiten-ruegen.de

Groß Poseritz
Reit- und Fahrverein Poseritz e.V.
18574 Groß Poseritz
Telefon: 038307/262

Rambin
Rainbow Jumpers
Kasselvitz / Ausbau 16
18573 Rambin auf Rügen
Telefon 03831/297195
www.reiten-ruegen.de

Sassnitz
Landpension Dubnitz
18546 Sassnitz
Dubnitz 15 a
Telefon 038392/32368
www.landpension-dubnitz.de

Sehlen
Reitanlage Tegelhof Rügen
18528 Sehlen
Telefon 03838/209307
www.tegelhof-ruegen.de

Zirkow
Hof Vieritz
Vieritz 3 a
18528 Zirkow
Telefon 03838/309402
www.hof-vieritz.de

Bowling

Bergen
American Bowling
Störtebekerstraße 31
18528 Bergen
Telefon: 03838/254752

Dranske
Sport- und Bowlingcenter
Kreptitz 1
18556 Dranske
Telefon 038391/13222

Göhren
Bowlingtreff Speisegaststätte am Nordstrand
Kegelbahn 1
18586 Göhren
Telefon 038308/91086

Juliusruh
Hotel Aquamaris Strand-residenz Rügen (Kegeln)
Wittower Straße 4
18556 Juliusruh
Telefon 038391/44405

Putbus
Hotel Koos (Kegeln)
Bahnhofstraße 9
18581 Putbus
Telefon 038301/278

Sagard
Billard-Café
(Kegeln, Anmelden)
Hotel-Pension »Der wilde Schwan«
Neuhof 10
18551 Sagard
Telefon 038302/8030

Samtens
Tiet un Wiel (Bowling)
Bergener Straße 1
18573 Samtens
Telefon 038306/2220

Sassnitz
Bowlingcenter Gewerbepark
Gewerbepark 14
18546 Sassnitz
Telefon 038392/32161

Sellin
Bowlingcenter Woge
Ostbahnstraße 21
18586 Sellin
Telefon 038303/85170

Stralsund
Kegelbahn Inseltreff
Dänholm 94
18439 Stralsund
Telefon 03831/291114

American Bowling und Noodles
Heinrich-Heine-Ring 120C
18435 Stralsund
Telefon 03831/383981

Bowleros
Triebseer Damm 76
17437 Stralsund
Telefon 03831/298940

Die Autoren

Die Textautorinnen

Kirsten Schielke,
geboren 1959 in Greifswald, arbeitet seit 1990 als freie Journalistin. Bis 2002 war sie als Hörfunkreporterin für den NDR tätig, heute arbeitet sie vor allem an Publikationen über Greifswald und die Universität sowie für Unternehmen der Region.

Birgit Vitense,
geboren 1967 in Meißen, arbeitet seit 1990 als Journalistin, unter anderem seit 1995 für das NDR Fernsehen (tagesaktuelle Berichte, Reportagen und Porträts). Häufig beschäftigt sich die freie Autorin mit dem Thema Tourismus.

Der Texter und Illustrator

Harald Larisch,
geboren 1956 in Frankfurt / Oder, studierte Grafik-Design an der Kunsthochschule in Berlin-Weißensee. Seit 1982 ist er auf verschiedenen Gebieten des Design tätig, insbesondere in der Buchgestaltung und der Illustration. Als Dozent arbeitete er an den Grafik-Design-Schulen Schwerin und Anklam. Letztere leitete er von 2003 bis 2008. Zur Zeit lehrt Harald Larisch an der HTW Berlin im Fachbereich Kommunikation. Zusammen mit seiner Frau betreibt er als Keramikmaler eine eigene Töpferei in Grapen Stieten bei Wismar.

www.toepferei-grapenstieten.de

Impressum

Die Deutsche Nationalbibliothek verzeichnet diese Publikation in der Deutschen Nationalbibliographie; detaillierte bibliographische Daten sind im Internet über http//dnb.ddb.de abrufbar.

Lagerstraße 7
18055 Rostock
Telefon 0381/49690
www.hinstorff.de

1. Auflage 2012

Herstellung
Hinstorff Verlag GmbH

Konzept und Redaktion
Thomas Gallien
Kirsten Schielke
Birgit Vitense

Redaktionsschluss
30. November 2011

Gestaltungskonzept und Illustrationen
Harald Larisch

Layout und Satz
Harald Larisch

Lektorat
Thomas Gallien

Druck und Bindung
freiburger graphische betriebe

ISBN 978-3-356-01478-5

Fotonachweis

Kirsten Schielke
Birgit Vitense
Siegfried Vitense
Harald Larisch
Johannes-Maria Schlorke (Ozeaneum)
Hans Vogt (Orangerie Putbus)
Vincent Leifer (Theater Vorpommern)
Holger Vonberg (Kirche Altenkirchen)
Konstanze Pehl (Kirche Vilmnitz)